Das Recht
der
entstehenden Aktiengesellschaft.

Von

Dr. Ludwig Homberger.

München 1906.
J. Schweitzer Verlag (Arthur Sellier).

Inhaltsverzeichnis.

Literatur.

Bemerkung: Meist sind nur die Verfassernamen genannt. Dazu wolle man
AR. für Aktienrecht,
BR. für bürgerliches Recht,
HR. für Handelsrecht
lesen. Als Abkürzungen sind die üblichen gebraucht. Im übrigen wolle man das folgende Verzeichnis vergleichen.

Adelmann, Ueber die bei Sukzessivgründung hervorgehenden Rechtsverhältnisse. Erlanger Dissertation. München 1903.

Archiv für bürgerliches Recht — jetzt herausgegeben von Kohler, Ring und Oertmann. Berlin.

Auerbach, Das Gesellschaftswesen. Frankfurt 1861.

Averbeck, Wesen der Aktienzeichnung. Rechte und Pflichten aus der Zeichnung, Jena 1900.

Behrend, Lehrbuch des Handelsrechts. I. Band, Abteilung 1 Berlin und Leipzig 1886, Abteilung 2 Berlin 1896.

Beiträge zur Erläuterung des deutschen Rechtes. Begründet von J. A. Gruchot. Herausgegeben von Rassow, Küntzel und Eccius. Berlin.

Brinkmann, Lehrbuch des Handelsrechts. 1853/60.

Cosack, Lehrbuch des bürgerlichen Rechts. 4. Auflage. Jena. 1. Band 1903. 2. Band 1904.

Cosack, Lehrbuch des Handelsrechts. 6. Auflage. Stuttgart 1903.

Denkschrift zum n. HGB. siehe Materialien zum HGB.

Dernburg, Das bürgerliche Recht des deutschen Reiches und Preußens. Halle a. S. Bd. I 1902. Bd. II 1901.

DJZ. siehe Deutsche Juristenzeitung.

Dienstanweisung für die Grundbuchämter in den Landesteilen rechts des Rheins. Amtlich herausgegeben vom K. B. Staatsministerium der Justiz. München 1905.

Endemann, Handbuch des deutschen Handels-, See- und Wechselrechts unter Mitwirkung von Brunner, Cohn, Gareis u. a. herausg. von Endemann 1881/85.

Engelmann, Das bürgerliche Recht Deutschlands mit Einschluß des Handelsrechts. 3. Auflage. Berlin 1903.

Entscheidungen des Reichsgerichts in Zivilsachen. Leipzig.

Entscheidungen des Reichsgerichts in Strafsachen. Leipzig.

Entscheidungen des Reichsoberhandelsgerichts. Erlangen und Stuttgart 1871/80.

Entwurf eines Gesetzes betr. die Kommanditgesellschaften auf Aktien und die Aktiengesellschaften nebst Motiven und Anlagen. Aktenstück 21 der Anlagen zu den Verhandlungen des Reichstags in den Stenographischen Berichten über die Verhandlungen des Reichstags. 5. Legislatur-Periode, IV. Session. Berlin 1884.

Fruth, Die Aktienzeichnung. Würzburger Dissertation. Dresden 1903.

Gareis, Handausgabe des HGB. 2. Auflage. München 1900.

Gaubatz, Die Entstehung der Aktiengesellschaft. Erlanger Dissertation. Pirmasens 1899.

Gierke, Die Genossenschaftstheorie und die deutsche Rechtsprechung. Berlin 1887.
Gierke, GenTh. s. voriges Werk.
Gierke, Vereine ohne Rechtsfähigkeit nach neuem Recht. 2. Auflage. Berlin 1902.
GoldschmidtsZ. s. Zeitschrift für das gesamte Handelsrecht.
Gruchot s. Beiträge.
Hellwig, Die Verträge auf Leistung an Dritte. Leipzig 1899.
Juristenzeitung, Deutsche, Berlin.
Juristische Wochenschrift. Organ des deutschen Anwaltsvereins. Berlin.
Landauer, Ueber die Errichtung der Aktiengesellschaften. Erlanger Dissertation. Augsburg 1891.
Lehmann und Ring, Das Handelsgesetzbuch für das Deutsche Reich. Berlin. I. Band 1902.
Lehmann, Das Recht der Aktiengesellschaften. Berlin. I. Band 1898. II. Band 1904.
Loewenfeld bei Staudinger s. Staudinger.
Lutz, Protokolle der Kommission zur Beratung eines allgemeinen deutschen Handelsgesetzbuchs. Würzburg 1858 ff.
Makower, Handelsgesetzbuch mit Kommentar. I. Band. 12. Auflage. Berlin 1901.
Mat. zum Ges. v. 1884 s. Entwurf.
Materialien zum HGB. für das Deutsche Reich und dem Einführungsgesetz. Berlin (Carl Heymanns Verlag) 1897.
Meurer, Die juristischen Personen nach deutschem Reichsrecht. Stuttgart 1901.
Petersen und Pechmann, Gesetz betr. die Kommanditgesellschaften auf Aktien und Aktiengesellschaften v. 18. Juli 1884. Supplement zu Puchelts Kommentar zum ADHGB. Leipzig 1890.
Pinner, Das deutsche Aktienrecht. Berlin 1899.
Planck, Bürgerliches Gesetzbuch nebst Einführungsgesetz. Bd. I. 2. Auflage. Berlin 1898.
Primker bei Endemann s. Endemann.
Protokolle der Kommission für die II. Lesung des Entwurfs des BGB. Berlin 1897/99.
Rechtsprechung der Oberlandesgerichte auf dem Gebiete des Zivilrechts. Herausg. von Mugdan und Falkmann. Leipzig.
Renaud, Das Recht der Aktiengesellschaften. Leipzig 1863.
Ring bei Lehmann-Ring s. Lehmann-Ring.
Ring, Das Reichsgesetz betr. Kommanditgesellschaften auf Aktien und Aktiengesellschaften v. 18. Juli 1884. [Erste Auflage.] Berlin 1886.
Ring, Ges. v. 1884 s. vor. Werk.
ROHG. s. Entscheidungen des Reichsoberhandelsgerichts.
Rspr. s. Rechtsprechung.
Staub, Kommentar zum Handelsgesetzbuch. 6./7. Auflage. Berlin 1900.
Staub, Supplement zum Kommentar zum ADHGB. Berlin 1897.
Staudinger, Kommentar zum BGB. 2. Aufl. I. Bd. (Loewenfeld und Riezler). München 1904.
Thöl, Das Handelsrecht. Leipzig. I. Band. 6. Auflage. 1879.
Völderndorff, v., Reichsgesetz betr. Kommanditgesellschaften auf Aktien und Aktiengesellschaften v. 18. Juli 1884 in Bd. IV des 1. Teiles der „Gesetzgebung des deutschen Reiches" herausg. von Bezold. Erlangen 1885.
Zeitschrift für das gesamte Handelsrecht. Herausg. von Goldschmidt, Keyßner und Lehmann.

Einleitung.

Die rechtliche Natur der Aktiengesellschaft.

Bevor wir an die Darstellung des Rechtes der entstehenden Aktiengesellschaft herantreten, ist es von äußerster Wichtigkeit, über die rechtliche Natur der Aktiengesellschaft selbst im klaren zu sein.

I. Der alte Streit über diese Frage dreht sich darum, ob die Aktiengesellschaft juristische Person sei oder nicht. Man hat dabei gewöhnlich an die Verhandlungen der Nürnberger Kommission[1]) angeknüpft. Aber gerade dort war man sich nicht einig darüber, und so können diese Materialien weder in der einen noch in der anderen Richtung eine präzise Grundlage für die Entscheidung bilden. Man hat aber auch die konstruktive Seite der Frage herangezogen und mit Recht daran die Entscheidung der Frage zu knüpfen versucht. Heute ist der Streit nicht mehr heftig. Die Ansicht Thöls[2]), der die Aktiengesellschaft als Gesellschaft schlechthin konstruieren wollte, hat schon den Widerspruch der meisten Schriftsteller des ADHGB. gefunden. Jetzt aber könnte man fast von einer unbestrittenen Meinung in Theorie und Praxis dahin reden, daß die Aktiengesellschaft Verein und juristische Person sei[3]), wenn nicht neuerdings wieder Meurer[4]) die Frage aufgerollt und im Gegensatz zur herrschenden Ansicht die Aktiengesellschaft als „Gesellschaft mit formeller Rechtsfähigkeit“ dargestellt hätte.

II. Es kann nun hier nicht unsere Aufgabe sein, alle die seit Renaud immer wieder für und wider die Rechtsnatur der Aktiengesellschaft insbesondere als juristischer Person angeführten Gründe zu wiederholen. Aber wir müssen doch zu der neuen — vielleicht richtiger gesagt, zu der im

---

[1]) Vgl. Lutz, Prot. Bd. I S. 154 ff.; 274 f. Bd. III S. 1039 f.

[2]) Thöl, HR. § 150 S. 466 ff.

[3]) Behrend I, 2 S. 698; Gierke, GenTh. S. 38/39 Note 1; Renaud S. 133 ff.; Laband, Beiträge zur Dogmatik der Handelsgesellschaften in GoldschmidtsZ. Bd. 30 S. 469, Bd. 31 S. 1 ff.; Cosack, HR. S. 555; Lehmann, AR. Bd. I S. 243; Ring, Ges. von 1884 S. 390 Vorbem. v. Art. 207; derselbe bei Lehmann-Ring, Vorbem. vor §§ 178, 373; Staub, Anm. 11 f. zu § 178, Anm. 1 zu § 210; Pinner zu § 210; Makower, Anm. Ib zu § 178; Dernburg, BR. Bd. I S. 182, 223 f., Bd. II S. 356; Löwenfeld bei Staudinger Bd. I Vorbem. vor § 21, VIII, B 1; Gierke, Verein ohne Rechtsfähigkeit S. 6/7 Note 2e; derselbe, Handelsgesellschaftsrecht und bürgerliches Recht, ArchBürgR. 19 S. 131, RG. vom 23. Jan. 03, JW. 1903 Beil. S. 39; Jörges in GoldschmidtsZ. Bd. 49 S. 168.

[4]) Meurer S. 98 ff.

neuen Gewande erscheinenden — Theorie der „Gesellschaft mit formeller Rechtsfähigkeit“ Stellung nehmen.

1. Ueber eines herrscht nun wenigstens Einigkeit. Daß die Aktiengesellschaft nach außen hin Rechtsfähigkeit oder — anders ausgedrückt — Dritten gegenüber Rechtspersönlichkeit besitzt, leugnet jetzt niemand mehr.

2. Ob aber auch die Einheitsbehandlung der Verbandsperson nach innen Platz greift, ist noch die bestrittene Frage. Und dies spitzt sich wieder zu dem zu, ob die Aktiengesellschaft nach Gesellschaftsrecht organisiert ist oder nicht.

All das, was wir beim Funktionieren der Aktiengesellschaft sehen, spricht dagegen.

a) Vor allem ist es die abstrakte Organisation der Aktiengesellschaft, die in Betracht zu ziehen ist. Nicht gewisse individuell bestimmte Gesellschafter sind zu den Geschäften der Gesellschaft berufen, sondern der Vorstand, der Aufsichtsrat usw. haben dieselben zu leiten. Auch beruht das Recht der Aktionäre nicht auf einem Vertrage, sondern auf dem Statut, das zwar gesetzlich Gesellschafts„vertrag“ heißt, aber kein Vertrag ist.

b) Man hat nun für die Konstruktion nach Gesellschaftsrecht den Umstand ins Feld geführt, das die Aktionäre intensive Rechte an dem Vermögen der Aktiengesellschaft haben. Wir sind weit davon entfernt, zu behaupten, daß diese Rechte lediglich obligatorischer Natur seien, aber sie als dingliche Rechte zu bezeichnen, wäre wieder zu weit gegangen. Wir glauben vielmehr, daß die moderne Theorie[1]) auf dem richtigen Wege ist, wenn sie diese Sonderrechte als Rechte sui generis bezeichnet. Ihr Bestehen alteriert nicht den Korporationscharakter der Verbandsperson. Finden wir doch diese Sonderrechte auch bei der juristischen Person *κατ' ἐξοχήν*, beim rechtsfähigen Verein. Denn auch hier können den Vereinsmitgliedern Rechte mancherlei Art gegen denselben zustehen und zwar nicht nur Rechte auf Ausübung der Mitgliedschaft, sondern auch solche vermögensrechtlicher Natur. Man denke z. B. an das Recht auf unentgeltlichen Zutritt zu Veranstaltungen des Vereins, der für Nichtmitglieder an ein Eintrittsgeld gebunden ist. Auch ist es keineswegs ausgeschlossen, daß den Mitgliedern ein Recht auf Anteil am Jahresgewinn durch die Satzung eingeräumt wird. Ja noch mehr! § 45 BGB. läßt auch für die Mitglieder eines rechtsfähigen Vereins die satzungsmäßige Statuierung eines Rechtes auf die Liquidationsquote zu, und der Absatz 3 dieses Paragraphen bestimmt dieses Recht selbst für den Fall, daß die Satzung nichts über die Verwendung des Vereinsvermögens bei Liquidation bestimmt und der Verein den Interessen der Mitglieder diente.

Also auch hier Sonderrechte stärksten Inhalts! Keinen anderen Charakter haben nun die Sonderrechte der Aktionäre in der Aktiengesellschaft, mögen sie auch dem Grade nach stärker sein. Das Dividenden-

[1]) So **Lehmann**, AR. Bd. I S. 247; **Dernburg**, BR. Bd. I S. 182; **Cosack**, BR. Bd. I S. 106.

recht wie das Recht auf die Liquidationsquote, die die Aktionäre besitzen, sind ihrem Wesen nach nicht verschieden von den soeben beschriebenen Rechten der Vereinsmitglieder. Es braucht nicht erwähnt zu werden, daß daran durch den Umstand nichts geändert werden kann, daß letztere der Mehrzahl nach nur auf dem Statut, erstere auf dem Gesetze beruhen.

Bestehen nun aber sogar beim rechtsfähigen Vereine Sonderrechte dieser Art, so kann man bei der Aktiengesellschaft nicht durch ihr Vorhandensein allein die Berechtigung erlangen, alle übrigen konstruktiven Elemente außer acht zu lassen und derselben Gesellschaftscharakter zuzuschreiben. Es ist freilich richtig, daß die Rechte der Aktionäre von tiefgehender und schwerer Natur sind, aber wenn auch das Vermögen der Aktiengesellschaft wirtschaftlich als für die Aktionäre werbendes Kapital zu betrachten ist, so ist doch juristisch das Vermögen der Aktiengesellschaft nicht unmittelbar Vermögen der Aktionäre, sondern Eigentümerin ist und bleibt die Verbandsperson selbst. Darum ist daran festzuhalten, daß die Aktiengesellschaft nicht nach Gesellschaftsrecht, sondern nach Vereinsrecht aufgebaut ist.

c) Zu bemerken ist auch, daß in Anbetracht der Fassung des § 6 Abs. 2 HGB. kaum daran gezweifelt werden kann, daß das Gesetz selbst die Aktiengesellschaft zu den Vereinen zählt.

Hat sonach die Aktiengesellschaft nach außen Rechtsfähigkeit und nach innen Vereinscharakter, so ist darauf stehen zu bleiben, daß dieselbe juristische Person ist.

Erstes Kapitel.

Grundlagen.

Aufbauend auf der soeben gewonnenen Basis ist nun das Recht der entstehenden Aktiengesellschaft zu behandeln. Zu diesem Behufe sind zunächst die zu ihrer Entstehung führenden Rechtshandlungen der Reihe nach zu analysieren. In Betracht kommen dabei die vom Gesetz vorgesehenen Akte. Die sonstige Tätigkeit der Gründer, die diesen vorhergeht und sie begleitet, ist nur zu behandeln, soweit sie nicht nur für deren individualrechtliche Sphäre, sondern auch für die sozialrechtliche der entstehenden Aktiengesellschaft relevant wird.

1. Die Statutfeststellung.

I. Absatz 2 des Art. 208 des ADHGB. von 1861, den auch das Gesetz von 1870[1]) unverändert ließ, bestimmte:

„Ueber die Errichtung und den Inhalt des Gesellschaftsvertrages (Statuts) muß eine gerichtliche oder notarielle Urkunde aufgenommen werden."

Gegen diese Bestimmungen hat man seinerzeit nicht mit Unrecht Einwendungen erhoben.[2])

Das Gesetz von 1884[3]) suchte daher eine Verbesserung herbeizuführen, indem es vorschrieb:[4])

„Der Inhalt des Gesellschaftsvertrags (Statut) muß durch mindestens fünf Personen, welche Aktien übernehmen, in gerichtlicher oder notarieller Verhandlung festgestellt werden . . ."

Diese Fassung hat auch das neue HGB., von einer unbedeutenden redaktionellen Aenderung abgesehen, beibehalten, jedoch das in Parenthese stehende Wort „Statut" gestrichen. Es sollte aber, wie die Denkschrift zum Entwurfe des neuen HGB.[5]) hervorhebt, an den Vorschriften des bisherigen Rechtes über die Feststellung des Gesellschaftsvertrages nichts geändert werden.

---

[1]) Bundesgesetz betr. die Kommanditgesellschaften auf Aktien und die Aktiengesellschaften vom 11. Juni 1870.

[2]) Vgl. Renaud S. 306.

[3]) Reichsgesetz betr. die Kommanditgesellschaften auf Aktien und die Aktiengesellschaften vom 18. Juli 1884.

[4]) Art. 209.

[5]) Denkschrift in den Mat. zum n. HGB. S. 58.

Die im Jahre 1884 erfolgte Neuerung sollte nun, wie die allgemeine Begründung zu dem Entwurfe des Gesetzes von 1884 [1]) ausdrücklich besagt, insbesondere erreichen, daß die Feststellung des Inhaltes des Gesellschaftsvertrages von der Errichtung des letzteren scharf geschieden werde. Die Tendenz des Gesetzes ist klar. Bei der durch eine Reihe von Handlungen, insbesondere bei der durch Zeichnung erfolgenden Gründung der Aktiengesellschaft soll eine feste Grundlage durch das Statut gegeben sein, über das man sich klar sein soll, ehe die weiteren Gründungshandlungen inszeniert werden, so daß die Zeichner sich nicht ins Ungewisse binden müssen. Diese Absicht des Gesetzgebers ist durch die vorliegende Bestimmung auch erreicht worden.

II. 1. Ueber die Konstruktion des Statutfeststellungsaktes wurden jedoch schon verschiedene Meinungen geäußert. So steht Behrend [2]) auf dem Standpunkt, es trete bereits durch die Statutfeststellung eine vertragliche Gebundenheit der Feststeller ein, es bilde sich eine Gründergesellschaft; durch den Feststellungsakt würden sich die Mitwirkenden gegenseitig als Beteiligte an dem Aktienunternehmen akzeptieren und sich zugleich in der ihnen gesetzlich beigelegten Gründereigenschaft anerkennen. Ferner trete eine Verbindlichkeit dahin ein, daß die Gründer die zum Zustandekommen der Aktiengesellschaft notwendigen Schritte vornehmen müßten, auch wenn keine besonderen Vereinbarungen dahin getroffen worden seien.

Aehnlich sprechen sich Petersen und Pechmann [3]) aus. Die Willenserklärung, die bei der Statutfeststellung abgegeben worden sei, sei sofort bindend, sowohl in der Richtung, daß die Feststeller für den Fall der Errichtung zur Teilnahme an der Gesellschaft verpflichtet seien, als auch in der Weise, daß sie zur Errichtung der Gesellschaft mitzuwirken hätten.

V. Völderndorff [4]) betrachtet die Statutfeststellung als einen Vorvertrag unter den Gründern und will aus demselben bei Nichtzustandekommen der Aktiengesellschaft durch Schuld eines der Mitgründer eine Schadenersatzklage einräumen.

Dagegen hat schon Ring [5]) betont, daß es sich bei der Feststellung des Statuteninhaltes nur um Fixierung des Inhaltes eines künftig zu schließenden „Vertrages", also jedenfalls nicht um Abschluß eines solchen handelt. Denselben Standpunkt vertritt Ring auch heute noch [6]). Auch Makower [7]) argumentiert in ähnlicher Weise und Staub [8]) führt folgendes aus:

„Immer aber ist festzuhalten, daß im rechtlichen Sinne nicht ein zu gesonderter rechtlicher Existenz bestimmter mit selbständiger Rechtswirkung ausgestatteter Rechtsakt vorliegt, sondern nur der erste Teil eines geplanten Gesellschaftsvertrages."

---

[1]) Allgem. Begr. in den Mat. zum Ges. von 1884 S. 262.
[2]) Behrend I; 2 S. 722 ff. Aehnlich Gaubatz S. 35.
[3]) Petersen u. Pechmann zu Art. 175, 175b Nr. 2 S. 28 f.
[4]) v. Völderndorff zu Art. 175f S. 92.
[5]) Ring Ges. v. 1884 zu Art. 175 S. 45.
[6]) Derselbe bei Lehmann-Ring, Anm. 1 zu § 182.
[7]) Makower, Anm. IIIa zu § 182 S. 368.
[8]) Staub, Anm. 2 zu § 182 S. 557.

2. Was die Beurteilung dieser Ansichten anlangt, so ist zunächst darauf hinzuweisen, daß es sich für uns lediglich um die rechtliche Natur des Statutfeststellungsaktes als solchen handelt. Sehr häufig wird natürlich die gerichtliche bzw. notarielle Verhandlung, in der er erfolgt, noch andere Bestandteile aufweisen, ja es steht nichts im Wege, in derselben Verhandlung Statutfeststellung und Uebernahme sämtlicher Aktien (§ 188 HGB.) zu beurkunden. Ferner wird es in diesem Stadium des Gründungsgeschäftes sehr häufig vorkommen, daß sich die Gründer privatim in der einen oder anderen Weise gegenseitig verpflichten. All das kann aber dem zur Gesellschaftserrichtung notwendigen Akte der Statutfeststellung seine gesonderte Existenz nicht rauben und darf uns nicht veranlassen, den Vorgang mit anderen zu vermischen und nicht für sich zu analysieren. Insbesondere darf mit der Statutfeststellung nicht die dazu gemäß § 182 HGB. notwendige Aktienübernahme der Statutfeststeller verwechselt werden.

Für sich betrachtet ist nun aber die Feststellung das Statuts die Aufstellung des Inhalts der Satzung eines ins Leben zu rufenden Vereines.[1]) Wenn das neue HGB. auch das Wort „Statut" nicht mehr braucht, so ist, da dasselbe, wie erwähnt[2]), hier keine Aenderungen bringen soll, doch der Gesellschaftsvertrag des § 182 HGB. in dieser Weise zu charakterisieren. Eine solche Aufstellung ist aber nur eine einseitige Handlung der Gesamtheit der Mitwirkenden und ist nur die Proklamierung des Inhalts des Statuts, aber nicht die Bindung und Verpflichtung auf denselben.

Bei der gesetzlich festbestimmten Reihenfolge der einzelnen Gründungshandlungen ist es nicht angängig der einen von diesen Wirkungen einer anderen unterzuschieben. Verpflichtung auf den Statuteninhalt, Beitrittserklärung usw. bewirken, wie wir bald sehen werden, andere genau umschriebene Akte, nicht aber die Statutfeststellung. Und warum sollte durch die Statutfeststellung eine Verpflichtung der Gründer eintreten, die weiteren Gründungshandlungen zu betreiben? Die Statutfeststellung ist, wie wir ausführten, ein einseitiger Akt, der für die entstehende Gesellschaft relevant ist. Nirgends aber redet das Gesetz davon, daß ihm stillschweigend Wirkungen beizulegen sind, die in die private Sphäre der Gründer eingreifen und sich von seinem wahren Wesen in jeder Beziehung entfernen. Ja, daß das Gesetz eine solche Wirkung gar nicht beabsichtigt haben kann, geht schon daraus hervor, daß es z. B. den Gründern bei Sukzessivgründung noch in der konstituierenden Generalversammlung die Möglichkeit einräumt, gegen die Errichtung zu stimmen.

Wollen sich aber die Gründer in der einen oder anderen Weise binden und festlegen, so steht dem ja nichts im Wege und sie werden dies sicher auch oft genug tun. Derartige nebenhergehende Abmachungen haben aber mit der gesetzlich normierten Statutfeststellung absolut nichts zu tun.

---

[1]) Vgl. unsere Einleitung.
[2]) S. oben S. 4.

Eine Bindung der Mitwirkenden tritt also durch die Statutfeststellung in keiner Weise ein, so daß eine Klage, die sich auf dieselbe allein stützt, immer ohne Erfolg bleiben dürfte.

2. Die Aktienübernahme.

I. Mit der Statutfeststellung zwar zeitlich sehr häufig zusammenfallend, aber begrifflich von derselben zu trennen ist die Aktienübernahme. Erst das Gesetz von 1884 hat sie als solche deutlich bezeichnet und ihr bald im Gründungsstadium gegenüber der Aktienzeichnung das Uebergewicht verschafft. Sie soll einmal die Möglichkeit bieten, die Statutfeststeller an das von ihnen aufgerichtete Statut zu binden, zum anderen soll sie überhaupt eine der Sukzessivgründung gegenüber durchgreifende Vereinfachung des Gründungsgeschäftes ermöglichen.

II. Sie erfolgt, wie sich aus § 182 bezw. § 188 Abs. 2 HGB. ergibt, in gerichtlicher oder notarieller Verhandlung. Es ist dabei, sowohl wenn sie bei der Statutfeststellung, als auch, wenn sie in einer Nachtragsverhandlung gemäß § 188 Abs. 2 erfolgt, Mitwirkung sämtlicher Gründer erforderlich.

Hierbei möchten wir bemerken, daß nach dem klaren Wortlaut des Gesetzes mehr als eine Nachtragsverhandlung für unzulässig zu erachten ist.[1])

III. Ohne auf die durch die Uebernahme sämtlicher Aktien erzielte Wirkung einzugehen, ist das bei Simultan- wie Sukzessivgründung gleich wichtige Rechtsgeschäft für sich zu beleuchten. Zu seiner Konstruktion bietet das Gesetz wenig Hinweise und es sind infolgedessen die maßgebenden Autoren verschiedener Ansicht.

Eine weit verbreitete Ansicht konstruiert die Uebernahme als den Abschluß eines Vertrages unter den Gründern. So spricht Behrend[2]) von einer durch dieselbe eintretenden „vertraglichen Gebundenheit". Ring in Lehmann-Rings Kommentar[3]) wie auch schon in seinen Erläuterungen zum Gesetze von 1884[4]) betrachtet den Uebernahmeakt als Angebot und — falls sämtliche Aktien übernommen werden — als Akzept der Beteiligungserklärungen. Staub[5]) nimmt unter allen Umständen vertragliche Bindung der Gründer an. Zu ähnlichen Resultaten kommen Gaubatz[6]) und Landauer[7]). Adelmann[8]) schließlich sieht in der Uebernahme bei Simultangründung den Abschluß des Gesellschafts-

---

[1]) Staub, Anm. 2 zu § 188; Makower, Anm. III b zu § 188; Ring, Ges. v. 1884 Anm. 2 zu Art. 209 d; derselbe bei Lehmann-Ring, Nr. 2 zu § 188. Anderer Ansicht Behrend I, 2 Note 2 S. 725.

[2]) Behrend I, 2 S. 723.

[3]) Ring bei Lehmann-Ring Nr. 1 zu § 182.

[4]) Ring, Ges. v. 1884 zu Art. 209 d.

[5]) Staub, Anm. 3 zu § 188 S. 579.

[6]) Gaubatz S. 36/37.

[7]) Landauer S. 12.

[8]) Adelmann S. 21 f.

vertrages, bei Sukzessivgründung dagegen ein pactum de ineunda societate, wobei er hier unter societas die zwischen Errichtungsbeschluß und Eintragung entstehende „Gesellschaft" zwischen Gründern und Zeichnern versteht.

Im Gegensatz zu den bisher erwähnten Autoren stellt Lehmann[1]) die Uebernahme der Zeichnung vollständig gleich und betrachtet beide als einseitigen Beitrittsakt zu dem Statut des Personenvereins Aktiengesellschaft. Auch Makower[2]) spricht der Uebernahme den Vertragscharakter ab.

IV. 1. Es fragt sich, welcher Ansicht der Vorzug zu geben ist. Vor allem: welchen Inhalt hat die Aktienübernahme? Der Gründer erklärt: „Ich übernehme Aktien im Betrage von . . . Mk." Aktie bedeutet aber das Anteilsrecht an der bestehenden bezw. zukünftigen Aktiengesellschaft, nicht aber nur an dem zwischen Errichtungsbeschluß und Eintragung entstehenden Rechtsgebilde. Infolge dessen kann in dieser Erklärung in gar keinem Falle die Uebernahme der Verpflichtung, wie Adelmann meint, liegen, dieses vorbereitende Rechtsgebilde ins Leben zu rufen. Daher ist von vornherein der Ansicht entgegenzutreten, als würden durch die Uebernahme die Gründer nur in dieser Weise an das entstehende Unternehmen gefesselt. Vielmehr ist es bereits auf dauernde Verpflichtung auf das Statut der Aktiengesellschaft abgesehen. Doch ist u. E. diese Verpflichtung nicht suspensiv durch die Eintragung der Aktiengesellschaft bedingt. Im Gegenteil, das Gesetz, das zur Eintragung bereits den Nachweis beträchtlicher Zahlungen erfordert[3]), kann nur den Umstand, daß die Gesellschaft überhaupt nicht, bezw. bis zu einem etwa vereinbarten Termine nicht zustande kommt, als resolutiv bedingend für die Verpflichtung aus der Uebernahme betrachten.

Es ergibt sich so, daß die Uebernahme wohl schon eine Bindung enthält für die Zeit vor der Eintragung, in erster Linie aber die Erklärung darstellt, der zukünftigen Gesellschaft beizutreten und sich dem Statut zu unterwerfen, insbesondere die in demselben festgesetzten Einlagen für eine bestimmte Anzahl von Aktien zu machen. Gleichzeitig liegt auch in dieser Erklärung der Ausdruck des Willens, daß die Gesellschaft wie die notwendigen vorbereitenden Stadien derselben ins Leben treten sollen.

2. a) In diesen Willensäußerungen, die von seiten der Unternehmer gegenüber der zukünftigen Gesellschaft erfolgen, ist aber nicht der Abschluß eines Vertrages zu erblicken, sondern die Bindung tritt bereits durch die gemeinsam abgegebenen einseitigen Erklärungen der Gründer ein. Denn es darf nicht vergessen werden, daß es sich um die einzelnen Akte der Entstehung eines Vereins handelt; die Aktiengesellschaft ist ja, wie wir in der Einleitung ausführten, als Verein

---

[1]) Lehmann, AR. S. 350 ff.
[2]) Makower, Anm. I zu § 188 S. 388.
[3]) § 195 HGB.

anzusehen. Nach einer zwar nicht unbestrittenen, doch weit verbreiteten Ansicht tritt aber ein Verein nicht durch Vertrag, sondern durch einseitigen Gesamtakt der Gründungsmitglieder ins Leben.[1]) Es ist daher nur richtig, wenn wir auch die einzelnen Entstehungsmomente der Aktiengesellschaft unter diesem Gesichtspunkt betrachten.

Wenn man die Uebernahme als Vertrag ansieht, so verwechselt man u. E. die Ursache mit der Wirkung. Vom Standpunkt der individuellen Sphäre des Gründers wird sich freilich die Uebernahme meist als die Erfüllung eines zwischen den Gründern geschlossenen Vertrages darstellen, der dahin geht, daß der einzelne je Aktien in bestimmter Höhe zu übernehmen habe. Dieser Vertrag darf aber nicht mit der tatsächlichen Erklärung des Gründers verwechselt werden, daß er sie übernimmt. Diese Erklärung ist vom Standpunkte des Vereins, vom sozialrechtlichen Standpunkte, keine Bindung gegenüber den Gründern selbst, sondern eine Erklärung, die den Verein als solchen angeht. Was sie in jener Sphäre bedeutet, darf in dieser den Blick nicht trüben.

b) Es ist nun freilich richtig, daß, wie von mehreren[2]) hervorgehoben wird, nicht jeder beliebige durch Abgabe seiner Beitrittserklärung Mitglied werden soll, daß sich die Gründer nicht jeden als Mitgründer gefallen lassen müssen. Aber dies wird ja durch die oben geforderte Mitwirkung von ihnen allen bei der ersten wie bei der Nachtragsverhandlung erreicht. Daß gerade auch bei dieser die Gründer, die ihren Beitritt bereits erklärt haben, trotzdem mitwirken müssen, beweist noch nichts dafür, daß sich damit ein Vertragsschluß unter den Gründern vollziehe. Das Gesetz fordert vielmehr dieses Mithandeln in erster Linie, weil in Anbetracht der Wirkung, die es an die Uebernahme aller Aktien knüpft, eine Erklärung sämtlicher Gründer über diesen wichtigen Punkt notwendig ist. Nicht mit Unrecht erlangen diese dadurch auch die Möglichkeit — wie sich Lehmann[3]) ausdrückt — zu der Uebernahme „Stellung zu nehmen“.

Es kommt nun so darauf hinaus, daß die Erklärung je eines Gründers nur mit Zustimmung der übrigen mit Wirkung abgegeben werden kann. Damit aber, daß diese Willenserklärungen nicht ohne Zustimmung anderer Personen zu dem gesetzlichen Ziele führen, werden sie ihres Charakters als einseitiger Willenserklärung noch nicht entkleidet.

c) Zu bemerken ist dabei auch, daß bei qualifizierter Gründung derjenige Gründer, der Einlagen macht, die nicht durch Barzahlung zu leisten sind, sich durch die in der Aktienübernahme enthaltene Unterwerfung unter das Statut der Aktiengesellschaft gegenüber bindet,

---

[1]) Ebenso Makower zu § 188 Anm. I; Cosack, BR. Bd. I S. 92; Engelmann, BR. S. 60. Anderer Ansicht Loewenfeld bei Staudinger zu § 25 S. 143; Planck I Anm. 1 zu § 145.

[2]) So z. B. Gaubatz a. a. O.

[3]) Lehmann, AR. Bd. I S. 353.

ohne daß es etwa eines besonderen Vertrages bedarf, denn der Gesellschaftsvertrag muß gemäß § 186 Abs. 2 HGB. die diesbezüglichen Festsetzungen enthalten.[1])

In dieser Beziehung sind Sacheinlagen und Sachübernahmen scharf zu scheiden. Auf die letzteren werden wir in anderem Zusammenhang zurückkommen.

V. Was die Wirkung der Uebernahme anlangt, so ergibt sie sich aus dem Gesagten. Die Uebernehmer sind der Gesellschaft gegenüber gebunden, die versprochene Zahl von Aktien abzunehmen, die dazu erforderlichen Einzahlungen zu machen und überhaupt die von Gesetz und Statut bestimmten Mitgliederpflichten zu erfüllen.

Auf die spezifische Wirkung der Uebernahme sämtlicher Aktien haben wir später einzugehen.

3. Die Aktienzeichnung.

I. Bei Simultangründung stellt die soeben behandelte Uebernahme der Aktien durch die Gründer den einzigen Weg dar, durch den dieselben in die Hände der ersten Aktionäre gelangen. Für den Fall der Sukzessivgründung, die allerdings, wie oben erwähnt, nicht mehr die gewöhnliche Form der Gründung ist, kommt die Zeichnung der Aktien hinzu. Der Hauptanwendungsfall des Zeichnungsgeschäftes, die Kapitalserhöhung der bestehenden Aktiengesellschaft, muß bei unserer Darstellung außer Betracht bleiben, und wir haben daher nur die sogenannte Gründungszeichnung zu behandeln.

II. Die Vorschriften des ADHGB. von 1861 über die Zeichnung gehen auf den Art. 181 Abs. 3 des preußischen Entwurfes[2]) zurück, der lautet: „Die übrigen Gesellschafter können ihre Beitrittserklärung zum notariellen Vertrag durch eine schriftliche Urkunde abgeben."

Im ADHGB. erschien dann die entsprechende Bestimmung als Abs. 3 des Art. 208 in kürzerer Form: „Zur Aktienzeichnung genügt eine schriftliche Erklärung."

In der Novelle von 1870 finden sich keine neuen Bestimmungen über die Zeichnung. Dagegen hat das Gesetz von 1884 eine Reihe genauer Vorschriften zur Regelung der mit ihr verbundenenen Formalien gebracht. Das neue HGB. hat diese ohne wesentliche Aenderungen übernommen.

III. 1. Ueber die Konstruktion der Zeichnung sind seit dem Bestehen des ADHGB. die verschiedensten Ansichten geäußert worden, ohne das es bis heute zu allseitiger Klarheit in Theorie und Praxis gekommen wäre.

Vor allem ist es auch dabei wieder der Gegensatz zwischen individual- und sozialrechtlicher Betrachtungsweise, der in den Vordergrund tritt.

---

[1]) Ebenso Makower Anm. II zu § 186 S. 383; vgl. Staub Anm. 4, 18 zu § 186; Lehmann, AR. Bd. I S. 351, 374; anders Petersen u. Pechmann S. 340.

[2]) S. Lutz, Protokolle Beil. Bd. I S. 33.

Es ist hier natürlich nicht der Ort, alle die jemals versuchten Konstruktionen der Zeichnung namhaft zu machen.

a) Ansichten insbesondere, wie sie zur Zeit der Entstehung des ADHGB. aufgestellt wurden, die in der Zeichnung etwa einen Aktienkauf[1]), die Begründung eines Mandatsverhältnisses zwischen Prospektant (d. i. Gründer) und Zeichner[2]) usw. sehen, bedürfen heute nicht mehr einer ernstlichen Widerlegung.

b) Eine größere Anzahl von älteren Autoren[3]) hat dann die Zeichnung unter dem Gesichtspunkte der societas betrachtet, und zwar in der Weise, daß sie dieselbe bald als den Abschluß eines pactum de ineunda societate, bald als den der societas selbst konstruierten. Diese ließ man bald zwischen Zeichnern und Prospektanten, bald zwischen den Zeichnern selbst entstehen.

c) Andere Schriftsteller stellten dann unter Aufgabe dieser Betrachtung das Zeichnungsgeschäft als Vertrag sui generis zwischen Gründern und Zeichnern hin. Diese Ansicht ist auch heute noch sehr weit verbreitet.[4]) Insbesondere hat man sich mit Erfolg, und wie wir später[5]) zeigen werden, nicht mit Unrecht gegen die Annahme einer Sozietät unter den Zeichnern gewandt.

d) Aber bei alledem fühlte man doch, daß die Aktienzeichnung von anderen Gesichtspunkten aus zu betrachten sei, als nur nach Maßgabe des etwa durch sie zwischen Zeichnern und Prospektanten entstehenden Verhältnisses.

Und man verwandte infolgedessen nicht wenig Mühe und Scharfsinn auf die Lösung der schwierigen Frage, wie man den Uebergang der durch den Abschluß des Zeichnungsvertrages erworbenen Rechte von den Gründern auf die endgültig entstandene Aktiengesellschaft betrachten solle.

Eine ganze Reihe von Versuchen ist hier zu verzeichnen. Insbesondere hat Gierke[6]) die Zeichnung als Vertrag zugunsten der zukünftigen Aktiengesellschaft betrachtet. Andere[7]) haben Zession der Rechte gegen die Zeichner an die entstandene Gesellschaft angenommen; wieder andere[8]) versuchten negotiorum gestio der Gründer zu konstruieren — von weiterem zu schweigen!

e) Neuere Konstruktionsversuche wollen den Schwierigkeiten, die diese Behelfe bei näherer Betrachtung bieten, dadurch entgehen, daß sie,

---

[1]) So z. B. Auerbach, Das Gesellschaftswesen S. 229 ff.

[2]) So z. B. Brinkmann, Lehrbuch des Handelsrechts 1853/60.

[3]) Vgl. Primker bei Endemann Bd. I S. 471 ff.; Thöl, HR. Bd. I S. 437 ff.; Witte in GoldschmidtsZ. Bd. VIII S. 23 ff.; ferner ROHG. 4, 310 ff.

[4]) S. z. B. Behrend I, 2 S. 733 ff.; Gierke, GenTh. S. 129 Note 2. Hierher gehören auch: Staub, Anmerk. zu § 189; Cosack, HR. S. 564; Ring bei Lehmann-Ring Nr. 1 ff. zu § 189; derselbe, Ges. v. 1884 zu Art. 175c; Petersen u. Pechmann zu demselben Art. S. 48. Vgl. auch Mat. zum Ges. v. 1884 S. 268 ff.

[5]) S. unten S. 23.

[6]) Gierke, GenTh. S. 124.

[7]) Vgl. Laband, GoldschmidtsZ. Bd. VII S. 620 f.

[8]) Vgl. Auerbach a. a. O.

wie Makower[1]), die Zeichnung einerseits als Erklärung gegenüber den Gründern, anderseits gegenüber der zu errichtenden Gesellschaft betrachten. Es fragt sich nur, ob eine solche Doppelnatur der Erklärung dem Willen der Zeichner entsprechen kann.

2. a) Die Zeichner haben, wie wir es auch bei den Uebernehmern von Aktien gesehen haben, die Absicht, Mitglieder der zu gründenden Aktiengesellschaft zu werden. Diese einfache Erwägung wird uns den Schlüssel zum weiteren geben.

Es muß scharf betont werden, daß die Zeichnung einerseits schon direkt Wirkungen zeitigt, die über das Gründungsstadium weit hinausgehen, anderseits bereits in diesem dem Zeichner die Ausübung sozialrechtlicher Funktionen in bemerkenswertem Umfange ermöglicht. Wie wäre insbesondere die Beteiligung derselben an den vor Errichtung stattfindenden Generalversammlungen[2]) zu erklären, für die doch die Bestimmungen für den bestehenden Aktienverein zur Anwendung kommen[3]), wenn die Zeichnung als Abmachung zwischen den Zeichnern und Gründern in deren individualrechtlicher Sphäre hingestellt werden könnte? Eine derartige Konstruktion, so verlockend sie auch bei der ersten Betrachtung erscheinen mag, muß unbedingt abgelehnt werden. Auch ist hier ganz und gar kein Grund vorhanden, die Gründer für sich selbst auch nur teilweise als Adressaten der Zeichnung anzusehen. Ihre Persönlichkeiten sind zwar als solche natürlich von ausschlaggebender Bedeutung für die Beurteilung der Reellität des zu gründenden Unternehmens. Aber damit ist noch nicht gesagt, daß die Zeichner die Absicht haben, mit ihnen persönlich zu kontrahieren. Deren Erklärung richtet sich vielmehr sinngemäß an die werdende Aktiengesellschaft selbst und nur an diese. Die Stellung der Gründer zu ihrer Gründung[4]) läßt sich am besten in der Weise präzisieren, daß man sie als Organe der entstehenden Gesellschaft hier wie in allen ihren Stadien betrachtet. Diese Umschreibung der Gründerstellung wird, wie wir später[5]) noch genauer zeigen werden, allein zu brauchbaren Resultaten führen. Insbesondere ist damit die schwierige Frage, wie die Aktiengesellschaft die Rechte aus der Zeichnung erwirbt, für die sonst eine völlig befriedigende Lösung kaum gefunden werden kann, einfach gelöst.

Es darf nicht übersehen werden, daß es für die Stabilität und Solidität der neuen Gründung erforderlich ist, daß der Aktiengesellschaft gegenüber keinerlei Einreden gegen die Verpflichtungen aus der Zeichnung aus der Person der Gründer zugelassen werden. Dies ist insbesondere auch in Betracht zu ziehen, wenn man die Konstruktion des Vertrages zugunsten eines Dritten ablehnt und zwar im Hinblick auf § 334 BGB.,

---

1) Makower Anm. IIb zu § 182.

2) § 190 HGB.

3) § 197 HGB.

4) Ueber diese Frage s. Fruth S. 13 ff. Aehnlich Averbeck S. 30; vgl. Lehmann, AR. Bd. I S. 353 ff.

5) S. unten drittes Kapitel 1. S. 26 ff.

der die Einwendungen aus dem Vertrage auch gegenüber dem Dritten durchdringen ließe. Der Dritte aber wäre die fertige Aktiengesellschaft.[1])

Es braucht ferner kaum erwähnt zu werden, daß man in Wirklichkeit kaum ernstlich an tatsächliche oder fingierte Zession der von den Gründern erworbenen Rechte an die entstandene Aktiengesellschaft denkt.

Die im Gesetz festgelegte Stellung derselben gibt uns des weiteren kein Recht, sie zu Geschäftsführern ohne Auftrag herabzudrücken.

Sofern man aber die Gründer als Organe der entstehenden Aktiengesellschaft betrachtet, entfällt die Notwendigkeit, ein Recht der Aktiengesellschaft aus der Zeichnung auf allen diesen unangenehmen Umwegen anzuerkennen.

b) Ist man nun aber entschlossen, den Zeichnungsakt als Erklärung an die Organe der zukünftigen Aktiengesellschaft anzusehen, so ergibt sich in derselben Weise, wie wir es im vorigen Abschnitt ausführten, daß es sich bei der Zeichnung nicht um einen Teil eines Vertrages, sondern um eine einseitige Erklärung handelt.

Es ist wohl richtig, daß vieles dafür sprechen würde, in der Zeichnung eine Vertragsofferte zu sehen, wie von sehr vielen Autoren und auch in den Motiven zum Gesetz von 1884 angenommen wird.[2]) Jedenfalls tritt bei der Zeichnung und der darauf folgenden Annahme derselben eine Reihe von Momenten zutage, die äußerlich sehr viel Aehnlichkeit mit dem Abschluß eines Vertrages aufweisen.

Es fragt sich aber, ob auch materiell ein Vertrag vorliegt. Dies möchten wir auch hier verneinen. Denn der Zeichner kann unmöglich durch einen mit der entstehenden Aktiengesellschaft geschlossenen Vertrag deren Mitglied werden. Vielmehr stellt sich auch die Zeichnung als einseitige Willensäußerung[3]) der Art dar, daß der Zeichner erklärt, er sei gewillt, unter Uebernahme einer gewissen Zahl von Aktien Mitglied der Aktiengesellschaft zu werden, er unterwerfe sich unter der resolutiven[4]) Bedingung der Nichterrichtung der Aktiengesellschaft innerhalb bestimmter Frist[5]) bzw. auf Grund Nichterrichtungsbeschlusses deren Statut und sei zunächst vorläufig damit einverstanden, daß sie ins Leben trete. Zu dieser Erklärung „nehmen" die Gründer als Organe der entstehenden Aktiengesellschaft „Stellung"[6]), indem sie sich damit einverstanden erklären, daß der

---

[1]) Hellwig weist (S. 252) u. E. mit Recht darauf hin, daß, insbesondere nach neuem Recht, die Betrachtungsweise von Gierke usw. in diesem Punkte unhaltbar ist.

[2]) Die oben S. 11 gebrachten Zitate der Note 4 sind auch hier zu erwähnen. Nur Petersen und Pechmann (a. a. O.) sind anderer Ansicht und betrachten die Zeichnung als Annahme der Vertragsofferte der Gründer.

[3]) Ebenso Lehmann, AR. Bd. I S. 348 ff.; Fruth S. 23 ff.

[4]) Es handelt sich um resolutiv bedingte nicht wie so oft (s. z. B. Makower Anm. IIc zu § 186) fälschlich angenommen wird, um suspensiv bedingte Verpflichtung.

[5]) Vgl. §§ 189 Abs. 3 Ziff. 4; 196 HGB.

[6]) Mit der Ansicht Lehmanns (AR. Bd. I S. 353 ff.), daß die Gründer zunächst in ihrer individualrechtlichen Sphäre Stellung nehmen, daß ihre sozialrechtlichen Funktionen erst nach Annahme der Zeichnungen beginnen, können wir uns nicht befreunden.

betreffende Zeichner Mitglied werde, und die von ihm zu übernehmenden Aktien bestimmen. Damit ist ebensowenig ein Vertrag geschlossen, wie bei der Uebernahme oder bei sonstiger Aufnahme von Mitgliedern in einen Verein.

Natürlich darf auch hier nicht übersehen werden, daß mit dieser Organstellung der Gründer ein Fungieren derselben in ihrer individualrechtlichen Sphäre nicht zur Unmöglichkeit gemacht ist. Es ist vielmehr sehr wohl denkbar, daß die eben geschilderten Vorgänge von privaten Nebenabreden der Gründer und Zeichner begleitet werden. Doch daran haben wir hier bei der Betrachtung des Rechtes der entstehenden Aktiengesellschaft vorüberzugehen und nur zu sorgen, daß jenes Beiwerk die Hauptsache nicht unkenntlich mache.

IV. Aus der soeben dargestellten Konstruktion der Zeichnung sind deren Wirkungen unschwer zu abstrahieren.

1. Der Zeichner ist an seine Zeichnung gebunden so lange nicht

a) die Gründer ihm mitteilen, daß sie seine Zeichnung zurückweisen bezw. nicht annehmen,

b) die konstituierende Generalversammlung beschlossen hat, daß die Gesellschaft nicht errichtet werden solle,

c) der gemäß § 189 Abs. 3 Ziffer 4 im Zeichnungsscheine vorgesehene Zeitpunkt eingetreten ist, ohne daß bis dahin die Errichtung der Gesellschaft beschlossen ist.

Die Verpflichtungserklärung hat den oben angegebenen Inhalt. Die weitere Tragweite desselben werden wir teils noch kennen lernen, teils überschreitet deren Darstellung die uns gezogenen Grenzen.

2. Während man sich über die Verpflichtungen aus der Zeichnung im allgemeinen einig ist, gibt es um so mehr verschiedene Ansichten über das Recht des Zeichners.

a) Insbesondere ist Streit über den Beginn der Berechtigung. Die einen lassen die Erklärung der Gründer dazu genügen[1]). Die anderen fordern einen gesetzlichen Formalakt. Aber welches dieser sein soll, wird auch nicht übereinstimmend gesagt; teils wird als maßgebend die Einberufung der Zeichner zu einer gemäß § 190 HGB. zur Wahl des Aufsichtsrates bezw. Vorstandes abzuhaltenden Versammlung, der sogenannten Vorgründungsversammlung[2]), teils die Anmeldung der Gesellschaft, insbesondere die Einreichung der Zeichnerliste gemäß § 195 Abs. 2 Ziff. 3 zum Registergericht[3]) bezeichnet. Gegen die Annahme des letzteren Zeitpunktes sprechen u. E. besonders wichtige Gründe, wenn auch die Motive zum Gesetze von 1884[4]) ihn als den entscheidenden nennen. Zunächst müssen längst vorher die Zeichner mindestens 1/4 des Betrages ihrer Aktien gezahlt haben — und das sollte ihnen kein Recht auf Mitgliedschaft geben! Sie dürfen auch

---

1) Behrend I 2 S. 739 Anm. 11; Fruth S. 35.
2) Averbeck S. 19.
3) Staub Anm. 21 u. Note * dazu zu § 189. Lehmann, AR. Bd. I S. 357.
4) Mat. zum Gesetz von 1884 S. 269.

vorher bei den Wahlen in den soeben erwähnten Vorversammlungen mitwirken und sich so bereits als zur entstehenden Korporation gehörend betätigen. Das alles soll aber nur gewissermaßen ein Vergnügen auf Probe sein, das ihnen von der Gnade der Gründer ebenso wie der Vorzug, bereits Einzahlungen machen zu dürfen, auf Widerruf gewährt wird. Betrachten wir die Gründer als Organe der Aktiengesellschaft, so erscheint das Recht der zugelassenen Zeichner, sich an die Gründer, die sie getäuscht haben, privatim halten zu können, wenn ihnen hinterher die Mitgliedschaftsrechte nicht eingeräumt werden, als etwas ganz Unzulängliches. Der Fall natürlich, daß die zugelassenen Zeichner durch ihr Verschulden den Anspruch auf dieses Recht verwirken, steht jetzt nicht zur Diskussion.

Bei der Anmeldung zum Handelsregister müssen die Zeichner demnach bereits das Recht auf die Mitgliedschaft besitzen.

Der am nächsten vorher in Betracht kommende Zeitpunkt ist die Einladung der Zeichner zu der mehr erwähnten Vorgründungsversammlung. Mit dieser Einladung wird wohl in der Praxis auch meist die Zuteilung der Aktienbeträge tatsächlich vollzogen werden. Erscheinen uns aber die Gründer, wie wir des öfteren erwähnten, als Organe der entstehenden Aktiengesellschaft und nehmen sie als solche die Zeichnungen entgegen, so fragt es sich, warum sie nicht legitimiert sein sollen, diese für die Gesellschaft jederzeit gültig anzunehmen und auch schon vor dieser Einladung.

Das Gesetz, das doch wahrhaftig an Formvorschriften im Gründungsstadium nicht zu sparsam war, hätte, wenn es auch für die Zuteilung der Aktienbeträge eine bestimmte Form gewünscht oder die Zuteilung an bereits gegebene, aber anderen Zwecken dienende Formalakte, wie z. B. die soeben erwähnte Einladung oder die Anmeldung zum Handelsregister hätte knüpfen wollen, das klar und offen aussprechen müssen. Darum ist es u. E. überhaupt nicht berechtigt, eine besondere „aktienrechtliche" Form der Zuteilung zu verlangen. Wir glauben daher, daß die einfache Erklärung der Gründer an den Zeichner zur Zuteilung der Aktien und Begründung des Rechtes des Zeichners vollständig genügt.

Man hat in diesem Zusammenhang den Schlußnotenzwang, den das Reichsstempelgesetz in der Fassung vom 14. Juni 1900 in seinem § 9 in Verbindung mit Nr. 4 des dazu gehörigen Tarifes auch für die Zuteilung der Aktien auf Grund vorhergehender Zeichnung statuiert, verwerten wollen.[1]) Es ist ja richtig, daß eine Erklärung, die sogar verstempelt werden muß, nicht nachdrücklicher zivilrechtlicher Wirkung entbehren soll. Aber in der Schlußnote der Erklärung, durch die der Zeichner berechtigt wird, den schmerzlich gesuchten Formalakt erblicken zu wollen, halten wir aus dem Grund für unangebracht, weil es das Stempelgesetz verschmäht, die Rechtsgeschäfte, bei denen Schlußnoten- und

---

[1]) Vgl. Fruth S. 36.

Stempelpflicht verletzt wurde, mit der Folge privatrechtlicher Nichtigkeit zu belegen. [1]) Also ist die abzusendende Schlußnote nicht als solche, sondern als Erklärung wie jede andere formlose Zusage zivilrechtlich zu beleuchten.

Die Zeichner sind demnach mit der Zeichnung verpflichtet und mit der formlosen Erklärung der Gründer, daß ihre Zeichnung angenommen werde, insbesondere mit der Zuteilung der Aktienbeträge berechtigt.

b) Der Inhalt des Rechtes aus der Zeichnung ergibt sich teilweise aus dem Gesagten, im übrigen kommen wir auf die hierher gehörigen Fragen, soweit sie überhaupt in den Rahmen unserer Darstellung gehören, noch eingehend zurück.

4. Die Uebernahme sämtlicher Aktien. Der Errichtungsbeschluß.

Nach unseren bisherigen Ausführungen kann es uns nicht schwer fallen, für die Uebernahme sämtlicher Aktien und den Errichtungsbeschluß, jene beiden Akte, durch die die Gesellschaft errichtet wird, die entsprechende Konstruktion zu finden.

I. 1. Die Uebernahme sämtlicher Aktien verdankt ihre heutige Stellung in der Folge der Gründungshandlungen, wenn man von den Vorboten, die aus dem Abs. 2 des von der Novelle von 1870 geschaffenen Art. 209 b ADHGB. zu bemerken sind, absehen will, dem Gesetze von 1884.

2. Die Uebernahme von Aktien überhaupt ist, wie wir bereits oben ausführten, die einseitige Beitrittserklärung der Gründer zur Aktiengesellschaft, zu der die Mitgründer durch Mitwirkung bei der dazu stattfindenden gerichtlichen oder notariellen Verhandlung Stellung nehmen, d. h. ihre Zustimmung erklären. Falls nun auf diese Weise sämtliche Aktien übernommen werden, gilt nach dem Wortlaut des § 188 HGB. mit der Uebernahme der Aktien die Gesellschaft als errichtet.

Bemerkt muß dazu werden, daß das Wort „gilt" nicht so aufzufassen sein kann, als ob irgendwie eine Fiktion im Spiele wäre, da ja, wie wir bald zeigen werden, ein tatsächliches Rechtsgebilde durch den vorliegenden Akt zustande kommt. Auch geht die erzielte Wirkung nicht ohne den ausgesprochenen Willen der Beteiligten vor sich. Infolgedessen tritt zu der durch die Uebernahme selbst betätigten Willenserklärung, deren Inhalt aus dem Vorhergesagten erhellt, durch Mitwirkung bei der Uebernahme aller Aktien in einem Akte bezw. bei einer zur Uebernahme der restierenden Aktien bestimmten Nachtragsverhandlung die Erklärung sämtlicher Uebernehmer hinzu, daß die Aktiengesellschaft sogleich errichtet werden solle.

---

[1]) § 125 BGB. findet hier keinesfalls Anwendung. Dies ergibt sich aus der ganzen Fassung der Vorschriften des Stempelgesetzes. Vgl. auch Gareis, HGB. Anm. 3 zu § 94; Lehmann bei Lehmann-Ring Nr. 1 zu § 94.

Diese simultan von allen Mithandelnden abgegebene Willensäußerung stellt aber nichts anderes dar als eine übereinstimmende einseitige Willensäußerung — einen Gesamtakt. [1])

Demgemäß sind alle die Ansichten abzulehnen, die den Abschluß eines Gesellschaftsvertrages [2]) im Sinne eines wirklichen Vertrages in dem vorliegenden Akte sehen wollen. Die Konsequenzen dieser Konstruktion werden sich bald ergeben.

II. Der Errichtungsbeschluß wird in der konstituierenden Generalversammlung gefaßt.

1. Dieses Institut geht zurück auf den Art. 183 des preußischen Entwurfs zum ADHGB. [3]), der für den Fall der Sacheinlagen und die Stipulierung besonderer Vorteile für einen Gesellschafter Abschätzung und Prüfung der Zulässigkeit durch eine Generalversammlung der Zeichner und Genehmigung in einer weiteren ebensolchen Versammlung vorschrieb. Nachdem man in der Nürnberger Kommission Bedenken gegen diesen Artikel äußerte, wurde er gestrichen [4]) und das ADHGB. enthielt zunächst keine entsprechende Bestimmung.

Doch hat bereits die Novelle von 1870 wieder auf den preußischen Entwurf zurückgegriffen und in Art. 209a bestimmt, daß nach der Zeichnung des Grundkapitals eine Generalversammlung der Aktionäre durch Beschluß festzustellen habe, daß das Grundkapital vollständig gezeichnet sei und daß mindestens 10 %, bei Versicherungsgesellschaften 20 %, auf jede Aktie eingezahlt seien, sofern nicht der Gesellschaftsvertrag zwischen den sämtlichen Aktionären abgeschlossen und darin die Erfüllung jener Erforderniße anerkannt ist. Ferner hat Art. 209b für den Fall der Sacheinlagen, Sachübernahmen und Ausbedingung besonderer Vorteile zugunsten einzelner Aktionäre Genehmigung durch eine Generalversammlung der Aktionäre (nicht nur der Zeichner) vorgeschrieben. Die Novelle von 1884 hat dann diese nicht ganz zusammenstimmenden Vorschriften zu dem Institut der konstituierenden Generalversammlung ausgebaut, die im Fall der Sukzessivgründung über die Frage, ob die Gesellschaft errichtet werden soll oder nicht, abzustimmen hat. Auch hier ist das neue HGB. in den Hauptpunkten gefolgt.

2. Trotzdem eigentlich in diesem Falle die Bestimmungen des Gesetzes deutlich genug sind, sind eine Reihe von Autoren genötigt, um die Konstruktion der Errichtungsversammlung mit ihren sonstigen Theorien in Einklang zu bringen, Behauptungen aufzustellen, denen wir nicht beipflichten können. Insbesondere wird gesagt, durch den Errichtungsbeschluß werde der Gesellschaftsvertrag geschlossen. [5]) Der Abschluß eines Vertrages setzt, wie man eigentlich nicht nötig hätte,

---

[1]) Ebenso Makower Anm. 1 zu § 188; Lehmann, AR. Bd. I S. 344.

[2]) Vgl. z. B. Staub Anm. 3 zu § 188; Ring bei Lehmann-Ring Nr. 3 zu § 188; Ring Gesetz von 1884 zu Art. 209d Nr. 1.

[3]) Lutz, Protokolle Beil. Bd. I S. 34.

[4]) Lutz, Protokolle Bd. I S. 329 f.

[5]) Ring bei Lehmann-Ring Nr. 1 zu § 146; Ring, Ges. v. 1884 S. 430 Nr. 1.

besonders hervorzuheben, übereinstimmenden Konsens der Mitwirkenden voraus. Bei der konstituierenden Generalversammlung wird aber der Beschluß auf Errichtung der Gesellschaft per maiora gefaßt, also ist es ausgeschlossen, daß hier der Abschluß eines Vertrages vorliegen kann.

Dieser Beschluß ist vielmehr geradezu der Typus eines Gesamtaktes und bedeutet eine einseitige Willenserklärung der Mitwirkenden dahin, daß die Aktiengesellschaft nunmehr errichtet sein soll. [1])

Er entspricht naturgemäß der Uebernahme sämtlicher Aktien. Seine Folgen werden uns noch beschäftigen.

[1]) Vgl. Behrend I, 2 S. 743; Lehmann AR. Bd. I S. 380 ff.

Zweites Kapitel.

Wesen der entstehenden Aktiengesellschaft.

Nachdem so die Grundlagen klar gestellt sind, ist es nunmehr möglich, an die Frage der Konstruktion der entstehenden Aktiengesellschaft heranzutreten. Daß es sich verlohnt, dieselbe zu behandeln, liegt klar. Denn es ist natürlich interessant zu beleuchten, wie eigentlich die Aktiengesellschaft im Werden zu betrachten sei. Man sage nicht, daß es sich um einen Zustand handelt, der von heute auf morgen dauert. Denn dem ist in praxi nicht so. Es läßt sich das umfangreiche und umständliche Gründungsgeschäft nicht so schnell abwickeln. Das Gesetz fordert genaue Prüfung der Gründungsvorgänge, unter Umständen sogar durch außerhalb stehende Revisoren und schreibt eine Reihe anderer Erfordernisse vor, die zu erfüllen sind, bis der Registerrichter die Eintragung verfügen kann. So kommt es, daß sich die Verhandlungen oft lange hinziehen und es fragt sich, was in der Zwischenzeit eigentlich vorhanden ist.

1. Simultangründung.

I. 1. Auszugehen ist von den grundlegenden Normen des Gesetzes selbst.

§ 200 HGB. bestimmt:

„Vor der Eintragung in das Handelsregister des Sitzes der Gesellschaft besteht die Aktiengesellschaft als solche nicht."

§ 188 dagegen besagt:

„Uebernehmen die Gründer alle Aktien, so gilt mit der Uebernahme der Aktien die Gesellschaft als errichtet." Von der Uebernahme sämtlicher Aktien an „gilt" also die Gesellschaft „als errichtet", aber sie „besteht" „als solche" nicht. „Als solche" kann nur heißen „als Aktiengesellschaft". Der § 200 kann daher nur sagen wollen, daß das als errichtet geltende Rechtsgebilde noch keine Aktiengesellschaft ist, aber nach der Idee des Gesetzes muß doch ein Rechtsgebilde, wie sich beim Zusammenhalten der beiden §§ ergibt, bereits tatsächlich vorliegen.[1])

2. Es fragt sich nun, wie dasselbe zu betrachten ist. Dabei sind die Ergebnisse unserer bisherigen Untersuchungen zu verwerten. Hätten wir insbesondere in unserer Einleitung die Frage nach der Rechtsnatur der entstandenen Aktiengesellschaft dahin beantwortet, daß sie dem Wesen

---

[1]) Anderer Ansicht scheinbar v. Völderndorff Anm. I zu Art. 178 S. 101.

nach eine Gesellschaft sei, die nur formell Rechtsfähigkeit besitze, so könnte naturgemäß das Gebilde, dem jetzt die Rechtsfähigkeit noch fehlt, nichts anderes sein, als ebenfalls eine Gesellschaft.[1])

Bei unserem Standpunkt in der soeben gestreiften Frage sind dagegen weitere Erörterungen nicht zu umgehen.

In der wissenschaftlichen Behandlung stehen sich im wesentlichen zwei Ansichten gegenüber, die je unter sich wieder gewisse Modifikationen aufweisen. Von diesen geht die eine dahin, daß das vorliegende Rechtsgebilde als Gesellschaft des bürgerlichen Rechts, als eine „Gelegenheitsgesellschaft" zu betrachten sei, die andere will es dagegen als Verein ohne Rechtsfähigkeit ansehen. Wir wollen versuchen, unsern Standpunkt zu entwickeln.

a) Als Basis der Erörterungen hat u. E. die Frage zu dienen, welcher Art die Rechtsakte sind, die dem Rechtsgebilde zugrunde liegen, auf die es seine Entstehung zurückführt. Wenn dasselbe nun aber bereits die errichtete Aktiengesellschaft darstellt, so kann es nur auf diejenigen Akte zurückgehen, auf die — abgesehen natürlich vom endgültigen Eintragungsakt — auch das fertige Gebilde, die Aktiengesellschaft, zurückzuführen ist.

Wir haben zwar schon des öfteren darauf hingewiesen, daß neben den gesetzlich normierten Entstehungshandlungen der Regel nach Verträge der Gründer untereinander einhergehen. Aber ebensowenig, wie es gerechtfertigt wäre, statt der genau fixierten gesetzlichen Akte diese freien ganz dem Belieben der Gründer überlassenen Abmachungen der fertigen Gesellschaft zugrunde zu legen, ist uns dergleichen bei der „errichteten" Aktiengesellschaft erlaubt.

Es geht gar nicht anders als auch hier bei der Betrachtung der maßgebenden Entstehungsakte die sozialrechtliche Betrachtung zugrunde zu legen.[2])

Wir wollen jedoch nicht unterlassen, darauf hinzuweisen, daß nach neuem Recht regelmäßig nur die Gründer, von denen eben diese unmaßgeblichen Verträge geschlossen sind, Mitglieder der entstehenden Aktiengesellschaft sind, da ja eine Veräußerung der Anteilsrechte nach § 200 Abs. 2 HGB. unwirksam ist.[3]) Aber dies darf uns nicht hindern, dem Rechnung zu tragen, daß nach dem Gesetze bereits der Rohbau der Korporation „Aktiengesellschaft" vollendet dasteht und daher die für diese entscheidenden Entstehungsakte allein zu berücksichtigen sind ohne Rücksicht auf die individualrechtliche Sphäre der Gründer. Als solche kommen bei Simultangründung Statutfeststellung und Uebernahme sämtlicher Aktien in Betracht. Beide sind, wie wir darlegten, einseitige Akte. Wo ist, so fragen wir nun, der Gesellschaftsvertrag, der der Sozietät zugrunde liegen sollte?

---

[1]) Vgl. Thöl, HR. Bd. I S. 429 ff.

[2]) S. Gierke, GenTh. S. 128 ff.

[3]) Die Tatsache der offenen oder geschlossenen Mitgliederzahl ist nicht so entscheidend, daß sie als einziges Merkmal von ausschlaggebender Bedeutung für den Vereinsbegriff sein kann. Ebenso Gierke, Vereine ohne Rechtsfähigkeit S. 11 Note 11. Anderer Ansicht Meurer S. 64.

b) Betrachten wir dann weiter das Leben dieser angeblichen Gesellschaft, so finden wir es derart eingerichtet, daß nach dem Gesetz die Beteiligten in jeder Weise gehindert sind, mit der entstehenden Korporation nach Gutdünken zu verfahren.

Die Begründung zum Gesetz von 1884 [1]) hat mit aller Schärfe ausgesprochen, daß der Gedanke festgehalten ist „der Gesellschaft gegenüber die Gründer scharf hervortreten zu lassen und diesen gegenüber die Gesellschaft mit tunlichster Selbständigkeit auszustatten".

Und das Gesetz hat es an Vorschriften aller Art in dieser Beziehung nicht fehlen lassen, was alles jedenfalls nicht dafür spricht, daß die entstehende Aktiengesellschaft als Sozietät anzusehen ist.

c) Dazu kommt weiter die korporationsmäßige Organisation. Es sind, wie noch ausführlicher zu zeigen ist, ausführende und kontrollierende Organe vorhanden. Auf die Zusammenkünfte der Beteiligten finden die für die entstandene Aktiengesellschaft geltenden vereinsmäßigen Bestimmungen Anwendung.

d) Insbesondere besteht aber der Wille, eine Korporation, die Aktiengesellschaft, ins Leben zu rufen. Es darf natürlich der ganze Gründungshergang nicht so angesehen werden, als werde das Rechtsgebilde, dem durch die Eintragung Rechtsfähigkeit verliehen wird, damit als neu und aus dem Nichts entstehend ins Leben gerufen. Dem widerspricht zu sehr der klare Wortlaut des § 188 HGB., und § 200 Abs. 1 steht dem, wie wir sahen, nicht entgegen. Vielmehr kann die errichtete Aktiengesellschaft, die nach innen in ihrem Bau und in ihrer Struktur vollendet ist, dem Wesen nach sich nicht so prinzipiell von der bestehenden Aktiengesellschaft unterscheiden, daß erstere als Sozietät, letztere als Verein anzusprechen wäre.[2]) Denn wir glauben, daß der von der Mehrheit der modernen Literatur vertretenen Ansicht beizupflichten ist, daß Verein und Gesellschaft grundsätzlich zu trennen sind und daß der Verein ohne Rechtsfähigkeit Verein und nicht Gesellschaft ist, wofür § 54 BGB. als Beweis, nicht als Beweis des Gegenteils anzuführen ist.[3]) Wir kommen daher zu dem Schlusse, daß die entstehende Aktiengesellschaft — zunächst bei Simultangründung — vom Zeitpunkt der Errichtung ab als Verein ohne Rechtsfähigkeit anzusehen ist.[4])

---

[1]) Mat. z. Gesetz von 1884 S. 270; vgl. auch § 6 S. 260 ff.

[2]) S. dazu insbesondere Gierke, GenTh. a. a. O.

[3]) Dernburg, BR. Bd II S. 531; Loewenfeld bei Staudinger Anm. A 8 zu § 54 S. 190; Gierke, Vereine ohne Rfk. S. 12; Meurer S. 59; Staudinger, DJZ. 1900 S. 375 ff. Anderer Ansicht Cosack, BR. Bd. II S. 450; Staub, Exkurs zu § 342 Bd. I S. 1036.

[4]) Ebenso Makower zu § 188 Anm. II b S. 389; Ring bei Lehmann-Ring Nr. 1 zu § 200; Loewenfeld bei Staudinger Vorbem. vor § 21 S. 124; Gierke, Vereine ohne Rfk. S. 7. — Vgl. auch die „Vorgesellschaft" Cosacks, s. dessen Handelsrecht S. 569. Anderer Ansicht: Dernburg, BR. Bd. I S. 201 Note 1; Staub zu § 188. Nicht uninteressant ist, wie sich Staub in seinem 1897 erschienenen Supplement zu seinem Kommentar zum ADHGB. zu Art. 209 d ausdrückte: „Nach dem neuen BGB. wird die errichtete, aber noch nicht als Aktiengesellschaft bestehende Gesellschaft als Gesellschaft des bürgerlichen Rechtes zu betrachten und zu behandeln sein (§ 54 BGB.)." [sic!]

3. Wir geben zu, daß sich Bedenken gegen unsere Auffassung geltend machen lassen, sowie man mit unseren in den vorausgehenden Kapiteln entwickelten Ansichten in der einen oder anderen Richtung nicht einverstanden ist. Faßt man aber folgerichtig und konsequent die Gründungshandlungen so auf, wie wir es taten, so kann kein Zweifel darüber sein, daß wir zu diesem Resultate kommen müssen. Wenn insbesondere geltend gemacht wird, es fehle der Wille, als eine korporativ organisierte, aber nicht Korporation gewordene Vereinigung dauernd im Rechtsverkehr aufzutreten[1]), so ist dem entgegenzuhalten, daß u. E. der Wille nicht fehlt, als korporativ organisierte Vereinigung dauernd im Rechtsverkehr aufzutreten, und daß dies genügen muß, diesen Willen durchdringen und einen Verein — wenn auch vorerst ohne Rechtsfähigkeit — entstehen zu lassen. Gesetzliche Hindernisse des bürgerlichen Rechtes im allgemeinen oder des Aktienrechtes im besonderen vermögen wir dagegen nicht zu finden.

2. Sukzessivgründung.

I. Infolge der geänderten Grundlagen haben wir bei der Sukzessivgründung auch von anderen Gesichtspunkten auszugehen. Die größere Zahl der Gründungshandlungen erschwert hier ihre richtige Erkenntnis. Statt des einheitlichen Uebernahmeaktes ist hier eine Reihe zersplittert vor sich gehender Einzelakte zu übersehen.

II. 1. Wir haben in den früheren Abschnitten die Rechtsnatur der Uebernahme (auch bei Sukzessivgründung) und Zeichnung als einseitiger Willenserklärungen dahin festgestellt, daß *der Erklärende sich dem aufgestellten Statut unterwirft* und mit der Gründung der Aktiengesellschaft einverstanden ist — alles, wie wir sahen, unter der resolutiven Bedingung, des Ungültigwerdens einerseits durch Zeitablauf, anderseits durch Beschluß auf Nichterrichtung der Aktiengesellschaft in der konstituierenden Generalversammlung. Wir erkannten den Errichtungsbeschluß als die einseitige Willenserklärung, daß die Gesellschaft nunmehr errichtet sein solle.

2. Wir haben zunächst auch jetzt wieder, wie bei den Erörterungen des letzten Abschnittes, das Bild der errichteten aber noch nicht bestehenden Aktiengesellschaft.

a) Auch hier vermögen wir nirgends einen grundlegenden Gesellschaftsvertrag zu konstatieren, um die auch für den Fall der Sukzessivgründung auftauchende Konstruktion der entstehenden Aktiengesellschaft als Sozietät zu rechtfertigen. Ja noch mehr, man müßte sich hier dazu bequemen, die Sozietätsgründung auf einen per maiora zu fassenden Beschluß zurückzuführen[2]), statt auf den allgemeinen und übereinstimmenden Konsens

---

[1]) Staub Anm. 3 zu § 188. Vgl. hierüber Dernburg Bd. I S. 201. Unserer Ansicht Loewenfeld bei Staudinger a. a. O. S. 124.

[2]) So z. B. Adelmann S. 49.

der Gesellschafter, und das dürfte doch, wie wir gelegentlich schon erwähnten, ohne weiteres abzulehnen sein.[1])

b) In nicht minderem Grade trifft auch all das, was wir von der Organisation der errichteten, aber noch nicht bestehenden Aktiengesellschaft für den Fall der Simultangründung ausführten, hier zu.

Aus diesen Gründen kann für uns kein Zweifel bestehen, daß auch hier die errichtete, aber noch nicht eingetragene Aktiengesellschaft als Verein ohne Rechtsfähigkeit zu betrachten ist.[2])

III. Damit sind aber noch nicht alle auftauchenden Schwierigkeiten gelöst. Intrikater ist nämlich die Frage, ob eine Zusammenfassung der Beteiligten schon vor der konstituierenden Generalversammlung erfolgt ist.

1. In der älteren Literatur taucht an dieser Stelle immer die Zeichnersozietät[3]) auf. Die Zeichner also, die sich alle so fremd wie möglich sein können, sollen durch ihre Zeichnung in ein vertragsmäßiges Verhältnis zueinander geraten. Es ist nicht leicht, sich das vorzustellen. Sehen wir nämlich einmal kurze Zeit von unserer Auffassung der Zeichnung ab und betrachten sie, wie dies ja oft genug geschehen ist, als einen wie immer auch gearteten Vertrag, so könnte es sich aber doch nur um einen Vertrag zwischen Prospektanten und Zeichnern handeln. Einen Vertragsabschluß der Zeichner untereinander im Zeichnungsgeschäfte zu sehen, dürfte nicht gelingen. Darum fehlt es an dem die Subjekte vereinigenden Bande und daher ist die Zeichnersozietät abzulehnen.

2. Auf der anderen Seite können wir uns dem doch nicht verschließen, daß den Versuchen eine richtige Idee zugrunde liegt. Denn *es ist schwer auszudenken, daß eine Zusammenfassung — sozietäts- oder korporationsmäßig soll fürs erste dahingestellt bleiben —, erst eintreten* soll, wenn die Zeichner mit den Gründern zur konstituierenden Generalversammlung zusammengetreten sind und den Errichtungsbeschluß gefaßt haben.

a) Denn in den vor diesem Akt liegenden gesetzlich vorgeschriebenen Handlungen liegen Momente, die sich schlechterdings nicht unter dem Gesichtspunkt individualrechtlicher präparatorischer Tätigkeit der Beteiligten betrachten lassen. Daß eine solche Auffassung insbesondere für den wichtigsten dieser Akte, für die Zeichnung, abzulehnen ist, haben wir ja schon oben ausgeführt. Dann ist zu erwähnen, daß Gründer und Zeichner bereits nach Vollzeichnung des Grundkapitals zusammentreten, um den Aufsichtsrat und eventl. auch den Vorstand der Gesellschaft zu wählen. Und zwar unterliegt diese Versammlung den Normen, die für die bereits entstandene Gesellschaft in Geltung sind.

---

[1]) S. Behrend I, 2 S. 743.

[2]) Ebenso Ring bei Lehmann-Ring Nr. 1 zu § 200; Loewenfeld bei Staudinger Vorbem. vor § 21 S. 124; Gierke, Vereine ohne Rfk. S. 7 Note 2 f.; s. auch Makower Anm. IIb zu § 188 S. 389.

[3]) S. z. B. Witte in GoldschmidtsZ. Bd. VIII S. 23 ff. Dagegen Gierke, GenTh. S. 129; s. auch Behrend I, 2 S. 740 Note 14.

b) Ferner ist wichtig, zu betonen, daß auch in der konstituierenden Generalversammlung selbst schon vor Fassung des Errichtungsbeschlusses sich das korporative Element der Unterwerfung der Minderheit unter die Mehrheit geltend macht, und zwar beruht dasselbe auf Grundlagen, die der in dieser Versammlung zu beschließenden Errichtung der Aktiengesellschaft weit vorausgehen. Wir glauben nicht, daß man an alledem achtlos vorbeigehen darf.

c) Dann möchten wir darauf hinweisen, daß die korporationsmäßige Organisation, wie wir sie bei der errichteten aber noch nicht eingetragenen Aktiengesellschaft sehen, nicht erst in der konstituierenden Generalversammlung ins Leben gerufen wird, daß diese vielmehr die bereits bestehende Organisation in gar keinem Punkte mehr zu vervollständigen braucht.

3. Es ist nun in Betracht zu ziehen, daß hier trotz des Gesagten Bedenken dagegen entstehen könnten, das Bestehen eines Vereines schon vor dem Errichtungsbeschluß anzunehmen, da ja erst dieser von Gesetzes wegen den eigentlichen Errichtungsakt darstellt. Doch ist dem entgegenzuhalten, daß derselbe nur auf die Errichtung der endgültig entstandenen Aktiengesellschaft abzielt. Es ist eben das lange Stadium tatsächlichen Lebens der Korporation vor dem Errichtungsbeschluß um so weniger zu übersehen, als bereits eine Menge Leute insbesondere durch Leistung von Einzahlungen, die doch Erfüllung von Mitgliederpflichten darstellt [1]), daran interessiert sind. Nachdem nun aber alle die erwähnten schwer wiegenden sozialrechtlichen Momente in Mitte liegen, wird man auf die individualrechtliche Betrachtungsweise verzichten müssen. Daß hier als Notbehelf auch die Sozietät nicht paßt, braucht nach allen unseren Ausführungen über diesen Punkt nicht mehr gesagt zu werden.

4. Um nun hier das Gewissen zu beruhigen und doch dem klar und offen daliegenden Rechnung zu tragen, hat man zu einem Aushilfsmittel gegriffen, indem man „wohl nur für bestimmte Gruppen möglicher Rechtshandlungen" das Bestehen eines nicht rechtsfähigen Vereins schon vor der Errichtung annimmt.[2]) Dieses Gebilde dürfte man sich aber nicht so ohne weiteres vorstellen können, das für bestimmte Gruppen von Rechtshandlungen ein Verein ist und sonst einfach nicht existiert. Jedenfalls ist eine solche Formulierung nicht zu akzeptieren. Freilich sind die darin liegenden Gedanken zu prüfen und wir werden ihnen im späteren noch nachgehen. In der vorliegenden Frage müssen wir uns aber entschließen, ob wir schon vor Errichtung einen nicht rechtsfähigen Verein annehmen wollen oder nicht — ein Mittelding, wie wir es eben sahen, gibt es nicht. Nach unseren bisherigen Darlegungen dürfte uns aber die Antwort dahin nicht schwer werden, daß die entstehende Aktiengesellschaft schon vor ihrer Errichtung als Verein ohne Rechtsfähigkeit anzusehen ist.[3])

---

[1]) S. unten viertes Kapitel S. 32.

[2]) Makower Anm. IIb zu § 188 S. 389.

[3]) Anders Ring bei Lehmann-Ring Nr. 1 zu § 200.

5. Es ist aber weiter nach dem genauen Zeitpunkt des Inslebentretens dieses Vereines zu fragen. Maßgebend ist hier u. E. die Vollendung des Zusammentretens aller Mitglieder, also die Erklärung des Einverständnisses der Gründer an alle zuzulassenden Zeichner, daß diese Mitglieder werden. Denn da wir auf dem Standpunkt stehen, daß das Recht der Zeichner auf Mitgliedschaft mit diesem Momente beginnt, so muß mit ihm auch der nicht rechtsfähige Verein ins Leben treten.

Diesen nun in seinen inneren und äußeren Beziehungen zu zergliedern, wird die Aufgabe der nächsten Kapitel sein.

Drittes Kapitel.

Organisation.

1. Ausführende Organe.

Wir haben in den vorausgehenden Kapiteln schon des öfteren angedeutet, daß es dem vorliegenden Vereine ohne Rechtsfähigkeit nicht an einer deutlich ausgeprägten Organisation mangelt. Im folgenden ist auf die damit zusammenhängenden Fragen einzugehen. Zunächst ist mit den ausführenden Organen zu beginnen.

I. Damit haben wir eine Frage anzuschneiden, die zu den bestrittensten unseres ganzen Gebietes gehört, nämlich die der Stellung der Gründer. Wir haben schon bei der Betrachtung der Aktienzeichnung diesen Punkt gestreift und auch gesehen, welch große Verschiedenheit der Meinungen dabei zutage tritt. Es ist ja auch wirklich nicht so leicht, bei der Mannigfaltigkeit der im Gründungsstadium von den Gründern vorgenommenen Geschäfte einen einheitlichen Gesichtspunkt für deren Stellung zu finden.

1. Eine weit verbreitete Ansicht geht nun dahin, die von den Gründern vorgenommenen Rechtshandlungen so zu betrachten, als würden sie dieselben in eigenem Namen betätigen.[1] Die einen haben dann, um die Berechtigung und Verpflichtung der entstandenen Aktiengesellschaft zu motivieren, an die Verträge zugunsten Dritter erinnert.[1] Andere haben vertragsmäßige oder gesetzliche Rechtsnachfolge[2] dazu angenommen.

Dies scheint uns nicht den Tatsachen zu entsprechen. Denn wer Uebernahmeverträge abschließt, oder sonst mit den Gründern als solchen in ordnungsgemäßer Weise kontrahiert, sieht nicht diese selbst, sondern die dahinter befindliche entstehende Aktiengesellschaft sich gegenüber. Und ebensowenig handeln die Gründer ihrer Idee nach in diesen Fällen tatsächlich für sich, wenn natürlich auch ihr Interesse dabei lebhaft im Spiele sein mag. Darum ist es verfehlt, ihre Tätigkeit als Handeln in eigenem Namen zu betrachten. Auch der Vertrag zugunsten Dritter[3] deckt sich nicht mit den tatsächlichen Verhältnissen, wenn er in seinem Wesen auch scheinbar Vergleichspunkte bietet.

---

[1]) S. z. B. Cosack HR. S. 568.
[2]) Vgl. Laband in GoldschmidtsZ. Bd. 7, S. 620.
[3]) Vgl. Gierke, GenTh. S. 124 Note 9.

2. Andere haben sich dieselben, da sie davon abkamen, daß die Gründer im eigenen Namen handeln sollten, als Geschäftsführer ohne Auftrag gedacht. Aber wozu denn diese mangelhaft begründete Rechtsposition? Man möchte sagen, daß die Gründer schon vom Gesetz ihren Auftrag haben. Wir haben schon [1]) darauf hingewiesen, daß sich dieser Notbehelf bei Entgegennahme der Zeichnung mit der gesetzlich festgelegten Stellung der Gründer nicht verträgt. Und das gilt auch für die von ihnen sonst geschlossenen Rechtsgeschäfte.

3. Sonach scheint es allein richtig zu sein, den Gründern Vertretungsmacht zuzusprechen. Als „gesetzliche Vertreter" wollen wir sie jedoch nicht betrachtet wissen, da sie ja dem Verein nicht als „Dritte" gegenüberstehen. [2]) Vielmehr erscheinen sie als die Organe der werdenden Aktiengesellschaft. [3]) Daß unter Umständen mit Gründern Verträge geschlossen werden müssen, verbietet eine solche Betrachtungsweise nicht. Für solche Fälle zessiert eben gemäß § 181 BGB. deren Vertretungsmacht, so daß kein Grund zu irgendwelchen Bedenken, die aus einer Kollision der Pflichten derselben geschöpft werden könnten, gegeben ist.[4])

4. Allerdings müssen zwei Stadien unterschieden werden, die Zeit vor der Entstehung des nicht rechtsfähigen Vereines und die Zeit nach Entstehung desselben. Vorher erscheinen die Gründer als Organe der zukünftigen Aktiengesellschaft, nachher als die ausführenden Organe dieses Vereins ohne Rechtsfähigkeit, der aber eadem persona wie die zukünftige Aktiengesellschaft ist. Dieser Unterschied ist nicht unwesentlich. Hier interessiert uns jedoch nur die zweite Funktion.

5. Wir haben schon oben auf die Schwierigkeit hingewiesen, die man darin sehen könnte, daß bei Simultangründung die Gründer die einzigen Mitglieder dieses nicht rechtsfähigen Vereins sind. Dadurch erscheinen sämtliche Mitglieder des Vereins zugleich auch als die ausführenden Organe desselben. Jedoch wird selbst bei den rechtsfähigen Vereinen des BGB. dieser Zustand, wie sich auch aus den Protokollen zum BGB. ergibt, [5]) keineswegs als anormaler betrachtet. Und auch hier ist u. E. nichts dagegen einzuwenden, um so mehr wenn man bedenkt, daß bei der entstehenden Aktiengesellschaft neben diesen ausführenden, wie wir sehen werden, auch noch kontrollierende Organe vorhanden sind, die regelmäßig nicht mit den sämtlichen Mitgliedern identisch sind. Unter Berücksichtigung aller Umstände kann daher unsere Konstruktion als den tatsächlichen Verhältnissen und ihren Komplikationen am meisten Rechnung tragend bezeichnet werden.

---

[1]) S. oben S. 12.

[2]) Vgl. Loewenfeld bei Staudinger zu § 26 BGB. S. 145, s. auch Meurer S. 156 und die dort Zitierten.

[3]) Die oben bei der Lehre von der Zeichnung zitierte Literatur ist auch größtenteils hier einschlägig.

[4]) Nachdem man den durchaus brauchbaren Begriff des Organs verwenden kann, braucht man nicht, wie dies Averbeck S. 30 tut, die Stellung der Gründer als „eigenartige" aufzufassen.

[5]) BGB.-Protokolle Bd. I S. 508; s. auch Dernburg Bd. I S. 212; Loewenfeld bei Staudinger zu § 26 S. 144, vgl. auch zu § 54 S. 191.

II. Es verlohnt sich an dieser Stelle hervorzuheben, daß sich aus dieser Organstellung der Gründer eine nicht unwesentliche Konsequenz ergibt. Steht man auf dem Standpunkt, daß die Gründer nur zu einer Sozietät vereinigt sind, dann ist gemäß § 709 BGB. anzunehmen, daß ihre Geschäftsführung nur ein Handeln zur gesamten Hand sein kann. Erscheinen die Gründer dagegen als Organe eines Vereins ohne Rechtsfähigkeit, so finden naturgemäß auf sie die für diesen geltenden allgemeinen Normen Anwendung. Bei einem Verein ohne Rechtsfähigkeit ist aber immer anzunehmen, daß, soweit das Gesellschaftsrecht dies gestattet, im innern Ausbau die Anwendung vereinsmäßiger Regeln als gewollt zu gelten hat. Daher wird auch in diesem Falle so zu verfahren sein und für die Fassung der Entschließungen der Gründer die vereinsmäßige Regel d. h. das Mehrheitsprinzip gelten.[1]) Dies ist natürlich praktisch nicht unwichtig.

Ueber die Tragweite der von den Gründern vorgenommenen verschiedenen Geschäfte werden wir ausführlich in einem späteren Kapitel zu sprechen haben.

2. Kontrollierende Organe.

I. Als solche kommen der Vorstand und der Aufsichtsrat, die im Gründungsstadium bereits zu bestellen sind, in Betracht.

Es verlohnt sich bei der Geschichte dieser Institutionen, soweit sie hier einschlägig ist, etwas zu verweilen.

Das ADHGB. von 1861 traf über die Bestellung von Vorstand und Aufsichtsrat im Gründungsstadium keine besonderen Bestimmungen. Die Novelle von 1870[2]) verlangte Bestellung des ersten Aufsichtsrates im Gesellschaftsvertrage.

Das Gesetz von 1884 ist hiervon wieder abgegangen. An dem dem Bundesrat vorgelegten Entwurfe dieses Gesetzes war jedoch in einem Abs. 2 zum späteren Art. 209 f. bestimmt:[3]) „Die Bestellung des Vorstandes und des Aufsichtsrates findet in dem Falle, daß die sämtlichen Aktien von den Gründern übernommen werden, gleichzeitig mit der Errichtung der Gesellschaft oder in einer besonderen gerichtlichen oder notariellen Verhandlung statt. Anderenfalls hat nach der Zeichnung des Grundkapitals die Bestellung des Aufsichtsrates und, sofern der Gesellschaftsvertrag für die Bestellung des Vorstandes nicht einen anderen Zeitpunkt vorsieht, auch diese in einer von den Gründern zu berufenden Generalversammlung zu erfolgen."

Dieser Absatz ist jedoch in dem an den Reichstag gelangten Entwurf des Gesetzes gestrichen. Es findet sich dort[4]) nur die Bestimmung,

---

[1]) Vgl. Loewenfeld bei Staudinger zu § 26 S. 144 für den rechtsfähigen Verein.

[2]) Art. 209 Ziff. 6.

[3]) Siehe auch Ring, Ges. von 1884 S. 418 zu Art. 209 f.

[4]) Art. 209 f des Entwurfes, Art. 209 h des Gesetzes.

daß die Mitglieder des Vorstandes und Aufsichtsrates den Hergang der Gründung zu prüfen haben.

Jener Absatz 2 des Art. 209f hat aber im § 190 des neuen HGB. in nur wenig veränderter Form seine Auferstehung gefeiert, nachdem sich die Notwendigkeit einer diesbezüglichen Bestimmung ergeben hat.[1])

II. So kommt es, daß die Begründung, die am 7. März 1884 dem erwähnten an den Reichstag gelangten Entwurfe beigegeben, aber nach dessen Abänderung in bezug auf den hier behandelten Gegenstand nicht so recht verständlich war,[2]) heute hierfür besser verwertbar ist, als bei ihrer Vorlage an den Reichstag. Ohne Rücksicht auf die Modifikation des Entwurfes führt sie nämlich aus, daß der im Gründungsstadium gewählte Vorstand und Aufsichtsrat nicht dazu berufen seien, aktiv bei der Führung der Geschäfte mitzuwirken, sondern daß sie nur die Aufgabe hätten, kontrollierend den Handlungen der Gründer zu folgen. Dem ist heute vollständig beizupflichten.[3])

Vorstand und Aufsichtsrat haben das Ergebnis ihrer Prüfung der Gründungsvorgänge in einem Bericht niederzulegen und auf Grund desselben in der konstituierenden Generalversammlung zu referieren. Die einzige Gelegenheit, bei der sie sonst vorher hervortreten, ist ihre Mitwirkung bei der Anmeldung der Aktiengesellschaft zum Handelsregister. Unter normalen Umständen sind sie dazu verpflichtet. Sobald sie jedoch gegen die Solidität der Gründung berechtigte Bedenken erheben, wird einer Klage gegen sie auf Mitwirkung bei der Anmeldung keine Folge zu geben sein.[4])

Das Vorhandensein und das Wirken solcher Organe paßt sehr gut in den Rahmen des Vereins ohne Rechtsfähigkeit, ließe sich aber im Gefüge einer Gesellschaft nicht so glatt unterbringen.

III. Es ist natürlich, daß vielfach auch Gründer in den Vorstand oder Aufsichtsrat gelangen. Für diesen, wie für einige ähnliche Fälle, bei denen besondere Vorsicht geboten erscheint, schreibt § 192 HGB. auch noch Prüfung der Gründungsvorgänge durch besondere Revisoren vor.

Diese Revisoren sind außerhalb der entstehenden Aktiengesellschaft stehende Persönlichkeiten und können demgemäß nicht als Organe derselben betrachtet werden.[5])

3. Die Mitgliederversammlung.

I. Die Mitgliederversammlung tritt regelmäßig nur in den vom Gesetz vorgesehenen Fällen in Tätigkeit. Doch würde natürlich nichts

---

[1]) Denkschrift zum neuen HGB. S. 59.

[2]) Mat. z. Ges. v. 1884 § 9 S. 270.

[3]) Anderer Ansicht scheinbar Makower Anm. II zu § 190. Die daselbst zitierten §§ 54, 710, 714, 162 BGB. dürften aber keinen stichhaltigen Beweis gegen die oben gebilligte Auffassung abgeben.

[4]) Vgl. Ring bei Lehmann-Ring Nr. 1 zu § 195.

[5]) Anderer Ansicht Ring bei Lehmann-Ring Nr. 3 zu § 192.

im Wege stehen, wenn das Statut die Funktionen derselben in der einen oder anderen Richtung erweitern würde. Wie sich schon aus der Fassung des § 197 HGB. ergibt, rechnet auch das Gesetz mit dieser Möglichkeit. Als Aufgabe derselben kommt nach dem Gesetz in Betracht bei Sukzessivgründung die Wahl des ersten Aufsichtsrates und, sofern nach dem Statut die Bestellung des Vorstandes durch die Generalversammlung zu erfolgen hat, auch die Wahl des ersten Vorstandes, ferner die Entgegennahme des Prüfungsberichts, die Beschlußfassung über Aenderungen in den Grundlagen des Gesellschaftsvertrages und schließlich über die Errichtung der Gesellschaft. Bei Simultangründung tritt ihre Bedeutung naturgemäß zurück.

II. Nach § 197 HGB. finden auf die Berufung und Beschlußfassung der vor der Eintragung stattfindenden Generalversammlungen die Vorschriften entsprechende Anwendung, welche für die Gesellschaft nach der Eintragung maßgebend sind.

Bestritten ist hier die Frage, ob auf die Beschlüsse der Vorversammlungen die allgemeinen Regeln der §§ 271 ff. über die Anfechtung maßgebend sind. Staub[1]) ist der Ansicht, daß „Berufung und Beschlußfassung" nicht ausdehnend interpretiert werden dürfen, damit man im Gründungsstadium nicht auch noch die Weiterungen einer Anfechtungsklage durchzumachen habe. Makower[2]) wendet dagegen mit Recht ein, daß die Anfechtungsklage bei Nichtanwendung der §§ 271 ff. in weit weniger beschränktem Maße zulässig sei, als bei Anwendung derselben. Denn es steht dann jedem Interessenten frei, eine Feststellungsklage[3]) auf Unzulässigkeitserklärung der dem Gesellschaftsvertrage bzw. dem Gesetze widerstrebenden Beschlüsse zu erheben. Und damit ist das Gegenteil von dem erreicht, was Staub beabsichtigt. Zwar gibt im neuen HGB. § 309 eine besondere Klage auf Nichtigkeitserklärung der Aktiengesellschaft, die wie eine Anfechtung des Errichtungsbeschlusses wirkt und demgemäß auch eine Anfechtung desselben nach den allgemeinen Regeln ausschließt. Dies kann aber nicht hindern, daß im übrigen die Vorschriften der §§ 271 ff. auf die Generalversammlungen vor Eintragung anzuwenden sind.[4])

---

[1]) Staub Anm. 6 zu § 197.
[2]) Makower Anm. IIb zu § 197.
[3]) § 256 ZPO.
[4]) Ebenso Ring bei Lehmann-Ring zu § 197; Makower Anm. IIb zu § 197. — Für das alte Recht s. Behrend 1, 2 S. 742 Note 6; Ring, Ges. von 1884 zu Art. 175g S. 115, zu 210b S. 438.

Viertes Kapitel.

Die Mitglieder und ihre Stellung.

I. Der Kreis der Mitglieder des nicht rechtsfähigen Vereins wird bei Simultangründung durch die Gründer gebildet. Bei Sukzessivgründung kommen dazu die Zeichner, deren Zeichnung angenommen ist.

II. 1. Das Recht des einzelnen stellt sich als Mitgliedschaftsrecht an einem Verein ohne Rechtsfähigkeit dar.

2. Als Besonderheit ist hier die Neuerung zu besprechen, die sich aus der zwingenden Norm des § 200 Abs. 2 HGB. ergibt.

In den Materialien[1]) ist dazu bemerkt, daß vor der Eintragung die Beteiligung an dem Unternehmen keinen zur Veräußerung geeigneten Gegenstand bilde und auch aus allgemeinen wirtschaftlichen Gründen die Zulassung eines Handels mit Anteilen einer noch nicht ins Leben getretenen Gesellschaft als bedenklich erscheinen müsse. Dem ist zweifellos beizupflichten. Das Anteilsrecht des § 200 Abs. 2 stellt natürlich nichts anderes dar als das hier zu besprechende Mitgliedschaftsrecht bei Sukzessivgründung.

Dasselbe ist also unveräußerlich, es kann durch Rechtsgeschäft zunächst unter Lebenden nicht übertragen werden. Daraus folgt nach §§ 857, 851 ZPO., daß das Recht auch nicht gepfändet werden kann. Doch ist der Uebergang des Rechtes durch Universalrechtsnachfolge von Todes wegen damit nicht ausgeschlossen.[2])

Die Denkschrift[3]) bemerkt noch weiter: „Die Gültigkeit eines Vertrages, durch welchen ein Teil lediglich die Verpflichtung übernimmt, die von ihm gezeichneten Aktien einem anderen zu übertragen, wird durch die Vorschrift nicht berührt." Diese Folgerung aus der gesetzlichen Vorschrift ist sonder Zweifel zutreffend und wird auch von keiner Seite bestritten. Keine Uebereinstimmung herrscht dagegen über die Frage, ob eine durch Vertrag vorgenommene Uebertragung des Anteilsrechtes selbst dem Gegenkontrahenten gegenüber wirkt. Daß diese Frage zu bejahen sei, scheint sich aus der Fassung des Gesetzes selbst zu ergeben, das mit Deutlichkeit die Unwirksamkeit

---

[1]) Denkschr. z. n. HGB. S. 62.

[2]) S. auch Urteil des Oberlandesgerichts Dresden vom 4. Dezember 1901, Rspr. d. OLG. Bd. III S. 21.

[3]) Denkschr. z. n. HGB. a. a. O.

der Uebertragung nur gegenüber der Gesellschaft hervorhebt.[1]) Die von Staub[2]) dagegen vorgebrachten Bedenken und insbesondere die vergleichsweise Heranziehung des § 223 HGB. erscheinen gegenüber dem klaren Wortlaut des Gesetzes nicht durchschlagend.

III. Was im übrigen über die Stellung der Mitglieder zu sagen ist, wird getrennt für Simultan- und Sukzessivgründung zu behandeln sein.

1. Bei Simultangründung ist zu beachten, daß neben dem Vereine ohne Rechtsfähigkeit regelmäßig noch eine sozietätsmäßige Bindung der Gründer vorliegt, die das Verhältnis der Mitglieder untereinander berühren kann.

Auf eines aber ist hinzuweisen. Die Uebernahme selbst erzeugt noch keinerlei Verbindlichkeit zur weiteren aktiven Förderung des Gründungsgeschäftes. Insbesondere möchten wir nicht zugeben, daß eine Klage auf Betätigung der Anmeldung zum Handelsregister gegen das einzelne Mitglied aus der Uebernahme begründet werden kann.[3]) Denn indem das Gesetz eine weitere selbständige Handlung von den Gründern verlangt, die ebenfalls Mitwirkung von diesen allen erfordert, kann es nicht durch den früheren Akt diese neue Mitwirkung zu einer erzwingbaren machen wollen. Es würde dies dem System der Erschwerung leichtsinniger Gründungen geradezu widersprechen.

Dagegen wird natürlich dem nichts im Wege stehen, wenn Uebernahme sämtlicher Aktien und Erklärung der Anmeldung zum Handelsregister in einer Urkunde verbunden werden soll.

Eine Norm der Beitragspflicht zu den Gründungskosten und Aehnliches läßt sich nicht im allgemeinen feststellen. Doch ist darauf hinzuweisen, daß sich aus § 195 Abs. 3 HGB. mit Sicherheit ergibt, daß die Gründer aus der Uebernahme zur Zahlung der ersten Rate verpflichtet sind. Ueber die Haftung für Verbindlichkeiten wird im weiteren Verlauf unserer Darstellung noch ausführlich zu reden sein.

2. a) Bei Sukzessivgründung wird im allgemeinen für die Gründer das bisher Gesagte ebenfalls gelten.

b) Eigenartig ist dagegen in mancher Beziehung die Stellung der Zeichner. Wir haben bereits gegebenen Ortes den Beginn ihrer Verpflichtung und ihrer Berechtigung auseinandergesetzt.

Von den Verpflichtungen der Zeichner ist am wichtigsten die Einzahlung der im § 195 Abs. 3 geforderten ersten Rate. Es gibt Autoren[4]), die hier die Gründer auf den guten Willen der Zeichner oder auf ihre eigene Geschicklichkeit verweisen wollen, eine klagbare Verpflichtung der Zeichner aber negieren. Uns erscheint das nicht gerechtfertigt. Man könnte allerdings an eine Parallele mit der oben besprochenen Mitwirkung der Gründer bei Anmeldung zum Handelsregister denken.

---

[1]) Ebenso Ring bei Lehmann-Ring Nr. 3 zu § 200; Makower Anm. III zu § 200.

[2]) Staub Anm. 10 zu § 200.

[3]) Anderer Ansicht Staub Anm. 18 zu § 195; Ring bei Lehmann-Ring Nr. 1 zu § 195.

[4]) Ring bei Lehmann-Ring Nr. 2 zu § 189.

Aber beides ist doch wesentlich verschieden. Im Zeichnungsschein verpflichtet sich der Zeichner vor allem, die statutengemäßen Leistungen zum Gesellschaftsvermögen zu machen. Die erste derselben ist die Zahlung der ersten Rate. Daß diese bereits zu diesen Verpflichtungen gehört, ergibt sich aus der Natur der Sache selbst wie auch indirekt aus dem Gesetz. § 195 Abs. 3 spricht von dieser Einzahlung nicht wie von einer selbständigen Errichtungshandlung, es wird vielmehr nur der Nachweis des Vollzuges verlangt. So erscheint sie vernünftigerweise lediglich als Folge der Zeichnung. Der der Willkür der Gründer überlassenen Beteiligung bei der Anmeldung zum Handelsregister entspricht vielmehr das Mitstimmen in der konstituierenden Generalversammlung. Hier ist es dem Zeichner völlig überlassen, ob er mit „Ja" oder „Nein" stimmen will, ja es steht überhaupt die Teilnahme an der konstituierenden Generalversammlung, wie auch an den vorher stattfindenden Versammlungen völlig in seinem Belieben.

c) Was im übrigen die Rechte der Zeichner anlangt, so beschränken sie sich, abgesehen von dem Recht auf die Mitgliedschaft selbst, auf die Befugnis an den eben erwähnten Versammlungen teilzunehmen und mitzustimmen.

Ein Recht, von den Gründern aktive Förderung des Gründungsgeschäftes zu verlangen, existiert nicht. Es ist darauf hingewiesen worden[1]), daß man gemäß § 197 den § 254 HGB. entsprechend anwenden und einer Zeichnerfraktion das Recht einräumen könnte, Berufung einer Generalversammlung zu verlangen. Dagegen wäre wohl im Prinzip nichts einzuwenden. Aber ob damit Ersprießliches erreicht werden könnte, erscheint zweifelhaft. Mehr als ein moralischer Druck keinesfalls! Ein Korrektiv ist aber vorhanden, das die Gründer zum Handeln antreiben dürfte und das ist die zeitliche Begrenzung des Gebundenseins der Zeichner an die Zeichnung gemäß § 189 Abs. 3 Ziff. 4 HGB. Ein Recht der Zeichner auf Auskunfterteilung über die Lage der Gesellschaft wird sich im allgemeinen auf den Anspruch auf Berichterstattung in der konstituierenden Generalversammlung beschränken. Weitere Rechte und Pflichten, die sich nach der Eintragung ergeben, sind von uns hier nicht zu behandeln.

---

[1]) Averbeck S. 38. Vgl. auch Makower Anm. IIa zu § 197.

Fünftes Kapitel.

Die entstehende Aktiengesellschaft im Rechtsverkehr.[1]

1. Rechtshandlungen vor der Eintragung im allgemeinen.

Im Bereiche der entstehenden Aktiengesellschaft wird regelmäßig eine große Reihe von Rechtshandlungen vorgenommen, die von verschiedener Bedeutung und Tragweite sind. Um aber die für den Verein ohne Rechtsfähigkeit, den wir bisher betrachtet haben, betätigten Geschäfte richtig verstehen zu können, ist es nicht zu umgehen, alle überhaupt vor der Eintragung abgeschlossenen Geschäfte zu beleuchten. Wir müssen sie dabei in der richtigen Weise sondern und wollen demgemäß, ausgehend von der Betrachtung des § 200 Abs. 1, HGB. der Reihe nach behandeln:

1. Rechtshandlungen, die vor der Eintragung im Namen der entstandenen Aktiengesellschaft so vorgenommen werden, als wäre sie schon entstanden,

2. Rechtshandlungen die vor der Eintragung für die entstandene Aktiengesellschaft unter der Bedingung ihrer Entstehung vorgenommen werden,

3. Rechtshandlungen, die vor der Eintragung für den Verein ohne Rechtsfähigkeit, den die entstehende Aktiengesellschaft darstellt, vorgenommen werden,

und damit auf die Stellung desselben im Rechtsverkehr überhaupt ausführlicher zu sprechen kommen.

A. Rechtshandlungen gemäß § 200 Absatz 1 HGB.

I. § 200 Abs. 1 HGB. lautet:

„Vor der Eintragung in das Handelsregister des Sitzes der Gesellschaft besteht die Aktiengesellschaft als solche nicht. Wird vorher im Namen der Gesellschaft gehandelt, so haftet der Handelnde persönlich, handeln mehrere, so haften sie als Gesamtschuldner.“ Damit scheint bei oberflächlicher Betrachtung der ganze Kreis der vor der Eintragung überhaupt abgeschlossenen Geschäfte gesetzlich geregelt zu sein. Doch ist dem nicht so. Das Gesetz spricht nur vom Handeln „im Namen der

---

[1]) Siehe insbesondere: Staub, Ring bei Lehmann-Ring, Pinner zu §§ 188 und 200 HGB.; Cosack, HR. S. 567 ff.; Behrend I, 2 S. 753 ff.; Lehmann, AR. § 40 S. 438 ff.; ferner: Petersen u. Pechmann, v. Völderndorff, Ring, Ges. von 1884 zu Art. 178 u. 211.

Gesellschaft". Unter „Gesellschaft" kann aber bei genauer Vergleichung des ersten und zweiten Satzes der gesetzlichen Bestimmung nur die entstandene d. h. die eingetragene Gesellschaft gemeint sein. Folglich fällt vor allem unter diese Bestimmung nicht das Handeln für die entstehende Aktiengesellschaft. Aber auch dann kann man sie nicht anwenden, wenn zwar das Geschäft für die entstandene Gesellschaft wirken soll, aber deren Entstehung als Bedingung der Gültigkeit gesetzt ist. So bleiben nur zur Subsumption unter § 200 Abs. die Rechtshandlungen übrig, die im Namen der entstandenen Aktiengesellschaft so vorgenommen werden, als wäre sie schon entstanden.[1])

II. Bei Auslegung dieses Paragraphen hat sich von jeher eine vielerörterte Streitfrage erhoben, ob diese Bestimmung nichts sei, als ein Anwendungsfall der Lehre vom falsus procurator d. h. des Auftretens als Vertreter ohne Vertretungsmacht[2]) oder eine besondere, von dieser Lehre gänzlich unabhängige „handelspolitische Strafbestimmung", um für das Handeln vor Eintragung der Aktiengesellschaft im speziellen besondere Nachteile zu statuieren.[3]) Die praktischen Konsequenzen dieser Auffassungen liegen darin, daß im ersteren Falle in folgerichtiger Anwendung der Bestimmungen über das Handeln des falsus procurator die Kenntnis des Dritten von der Nichtexistenz der Gesellschaft die Haftung aufhebt, während sie im letzteren Falle die Haftung nicht berührt.

Es sind dabei verschiedene Momente in Betracht zu ziehen. Zunächst ist darauf hinzuweisen, daß schon die entsprechende Bestimmung des Art. 181 des preußischen Entwurfes nach S. 91 der Motive zu diesem Entwurf „verhüten" sollte, „daß die Aktiengesellschaft vor erteilter landesherrlicher Genehmigung faktisch als solche ihre Geschäfte beginne". Ferner unterscheiden sich die Folgen, die an das Handeln wider § 200 Abs. 1 HGB. geknüpft sind von den Folgen des § 179 BGB. insofern, als hier allgemein Haftung für das Handeln einzutreten hat, während dort der Dritte die Wahl zwischen dem Anspruch auf Erfüllung und auf Schadenersatz hat. Schon daraus ergibt sich die Verschiedenheit des Charakters der Verpflichtung aus der vorliegenden Bestimmung von der aus den Regeln über das Handeln des falsus procurator. Zieht man dazu in Betracht, daß das Gesetz mit keinem Worte auf die Möglichkeit der Aenderung oder Milderung der absolut hingestellten Bestimmung des Satzes 2 hinweist, so wird man es immerhin als etwas Willkürliches erachten müssen, hier den § 179

---

[1]) S. Staub Anm. 4 zu § 200; Behrend I, 2 S. 755 Note 4; Pinner zu § 200.

[2]) Staub Anm. 4a zu § 200; Behrend I 2 S. 754 Note 3; Petersen und Pechmann zu Art. 176/179 S. 81; v. Völderndorff S 411, 103; s. auch Heine D. J. Z. 1901 S. 555.

[3]) Lehmann AR. Bd. I S. 441f; Dernburg BR. Bd. I S. 235; Cosak HR. S. 571; Ring bei Lehmann-Ring zu § 200 S. 411; derselbe Ges. v. 1884 S. 136; Renaud S. 394; Pinner zu § 200; insbesondere auch: RG. 47, 2 ff., ferner Entscheidung des Reichsgerichts vom 22. März 1902 bei Gruchot Bd. 46 S. 848 ff. und RG. 55, 302.

BGB. anzuwenden. Wir sind also der Ansicht, daß durch die allgemeinen Regeln des Rechtes der Vertretung eine Modifikation der Haftung aus § 200 Abs. 1 HGB. nicht eintreten kann. Ob aber im übrigen bei den hier einschlägigen Geschäften Normen dieser Rechtsmaterie zur Anwendung kommen können, ist eine von dem bisher behandelten Punkte durchaus verschiedene Frage. Es besteht jedoch keine Veranlassung, dieselbe hier weiter zu verfolgen.

III. Eine weitere Streitfrage knüpft an eine Bemerkung an, die sich im dritten Bande der Protokolle [1]) der Nürnberger Kommission über die Beratung des dem jetzigen § 200 Abs. 1 Satz 2 entsprechenden damaligen Art. 189 findet:

„Hierzu wurde bemerkt, unter «Handelnden» seien selbstverständlich auch die etwaigen Auftraggeber der Handelnden gemeint."

An späterer Stelle [2]) findet sich nochmals der gleiche Hinweis.

Nun fragt es sich, ob sich das wirklich so selbstverständlich ergibt, daß, wie vielfach behauptet wird, auch Mitgründer oder Zeichner, die mit dem Abschlusse des fraglichen Rechtsgeschäftes einverstanden waren, in Anspruch genommen werden können. Das Gesetz spricht von „Handelnden" — von nichts mehr. Man führt nun ins Feld, es werde durch die ausdehnende Interpretation das Interesse des Dritten, auf dessen Schutz das Gesetz ja abziele, besser gewahrt. Daran ist natürlich nicht zu zweifeln. Aber wenn das Gesetz diesen erhöhten Schutz hätte gewähren wollen, so hätte es das eben sagen müssen. Es ist ja auch der Fall vorgesehen, daß mehrere zur Haftung herangezogen werden können. Dann müssen die Mehreren sich aber auch aktiv beim Handeln beteiligt haben. Darum möchten wir diese Ausdehnung der Haftung, da wir für sie einen Anhaltspunkt nicht zu finden vermögen, trotz der gegenteiligen Ansicht des Reichsgerichts [3]), ablehnen. [4])

Ob sich die in Anspruch Genommenen selbst wieder an ihre Auftraggeber halten können, ist natürlich eine Frage für sich.

Wenn also so gehandelt wird, als sei die Aktiengesellschaft schon entstanden, so haftet der Handelnde auch trotz etwaiger Kenntnis des Dritten vom Nichtbestehen der Gesellschaft, aber nur dieser. Mehrere haften nur dann, wenn sie sich aktiv am Handeln beteiligt haben.

B. Rechtshandlungen für die Aktiengesellschaft unter der Bedingung ihrer Entstehung.

I. In zweiter Linie ist von den Rechtsgeschäften zu handeln, die in der Weise abgeschlossen werden, daß ihre Gültigkeit durch die Entstehung der Aktiengesellschaft bedingt sein soll und beide Kontrahenten davon

---

[1]) Lutz, Prot. Bd. III S. 139.

[2]) Lutz, Prot. Bd. III S. 1449 f.

[3]) RG. 55, 302; s. auch OLG. Stuttgart vom 14. Nov. 1902 Rechtspr. d. OLG. VI, 27.

[4]) Ebenso Staub Anm. 5 zu § 200; Ring bei Lehmann-Ring Nr. 2 zu § 200; das. Ges. v. 184 Anm. 4 zu Art. 178; Pinner zu § 200; Behrend I2 S. 756. Anderer Ans. Makower Anm. IIb zu § 200.

unterrichtet sind, daß dieselbe noch nicht besteht. Die typische Form hierfür sind die Uebernahmeverträge, d. h. Verträge, durch die die Gründer mit einem Dritten dahin übereinkommen, daß vorhandene oder herzustellende Anlagen von der zu errichtenden Gesellschaft übernommen werden sollen. Für diese Verträge gilt als Besonderheit, daß die in denselben für die Uebernehmer zu gewährenden Vergütungen im Gesellschaftsvertrag festzusetzen sind.[1]) Zum Abschluß solcher Verträge sind nun, falls die eben erwähnte Vorschrift beachtet wird, die Gründer gesetzlich ermächtigt. Sie erscheinen auch hier wieder als Organe der zukünftigen Aktiengesellschaft. Es ist daher die hier vielfach vorgeschlagene Konstruktion der Uebernahmeverträge als Verträge zugunsten eines Dritten[2]) abzulehnen. Die Aktiengesellschaft tritt ohne weiteres mit ihrer Entstehung in die in ihrem Namen begründeten Rechte und Pflichten ein.[3]) Aeltere Konstruktionsversuche, die auch hier die öfters hervorgehobenen Umständlichkeiten hereinnehmen wollen, um die Berechtigung der entstandenen Aktiengesellschaft zu motivieren, stehen heute nicht mehr zur Diskussion.

Es ist selbstverständlich, daß eine Haftung der Gründer aus diesen Uebernahmeverträgen nicht in Frage kommen kann, wenn die Gesellschaft zustande kommt. Tritt dieser Fall aber nicht ein, so wird deshalb eine Haftung der Gründer nicht erwachsen, weil die Uebernahmeverträge unter der Bedingung der Entstehung der Gesellschaft geschlossen zu werden pflegen, mit dem Ausfall der Bedingung aber die Verträge ihrer Wirksamkeit verlustig gehen.

II. Es fragt sich nun aber, inwieweit die Gründer weitere Rechtsgeschäfte für die zukünftige Aktiengesellschaft vornehmen können. Man könnte zunächst daran denken, daß die Gründer Rechtsgeschäfte geschlossen haben, die ihrer Natur nach Uebernahmeverträge sind, aber im Gesellschaftsvertrag keine Aufnahme finden. Das Reichsgericht hat sich in der interessanten Entscheidung vom 5. Januar 1903[4]) auf den Standpunkt gestellt, daß derartige Verträge durch nachträgliche Genehmigung der Gesellschaftsorgane für die Aktiengesellschaft nach ihrer Entstehung wirksam werden. Es würde sich dies in konsequenter Folge der Auffassung ergeben, daß die Gründer hier als Vertreter ohne Vertretungsmacht handelten — wenn es nicht der strikten Vorschrift des Abs. 3 des § 186 HGB. widersprechen würde, daß jedes Abkommen über Uebernahmen, das nicht die vorgeschriebene Festsetzung im Gesellschaftsvertrag gefunden hat, der Gesellschaft gegenüber unwirksam ist. Auf Geschäfte, die von vornherein mit solcher Deutlichkeit als unwirksam charakterisiert sind, lassen sich u. E. die Vorschriften der §§ 177 ff.

---

[1]) § 186 HGB.

[2]) Anderer Ans. Ring bei Lehmann-Ring Nr. 4 zu § 186; Makower, Anm. IIb zu § 186.

[3]) So z. B. Staub, Anm. 2 zu § 200; Ring bei Lehmann-Ring Nr. 1 zu § 200; Makower, Anm. IIc zu § 188; s. auch RG. 24, 22, Entscheidung des Reichsgerichts vom 5. April 00. JW. 00 S. 414.

[4]) RG. in Strafsachen 36, 69.

BGB. über die pendente Wirksamkeit eines von einem Vertreter ohne Vertretungsmacht geschlossenen Vertrages schlechterdings nicht anwenden. Darum sind und bleiben solche Geschäfte unwirksam. [1]) Für die Haftung der Gründer daraus werden regelmäßig die Vorschriften über die Haftung des Vertreters ohne Vertretungsmacht gemäß § 179 BGB. zur Anwendung kommen, natürlich mit den Modifikationen, die dadurch sich ergeben, daß eine nachträgliche Genehmigung ausgeschlossen ist.

III. Nun ist aber die Möglichkeit der Vornahme von Rechtsgeschäften für die zukünftige Aktiengesellschaft durch die Gründer nicht auf den engen Kreis der unter den Begriff der Uebernahmen fallenden Geschäfte beschränkt. Ueber diese allein ist eine ausdrückliche Bestimmung im Gesetz zu finden. Es ist daher zu untersuchen, inwieweit den Gründern ihre Organstellung erlaubt, im übrigen für die zukünftige Aktiengesellschaft, d. h. unter der Bedingung ihrer Entstehung, zu handeln. Auszugehen ist davon, welcher Art diese Organstellung ist. Sind die Gründer mit allen Rechtsbefugnissen eines unbeschränkten Vertreters ausgestattet? Oder gibt es hier Grenzen, und worauf beruhen sie etwa? Darauf ist zu antworten: Die Gründer sind die Gründungsorgane — nicht mehr und nicht weniger. Damit ist aber gesagt, daß die Gründer dazu da und nur dazu da sind, die durch die Gründung bedingten Rechtshandlungen für die Aktiengesellschaft vorzunehmen. Geschäfte dieser Art pflegen aber — natürlich abgesehen von den Uebernahmeverträgen — nicht unter der Bedingung der Entstehung der Aktiengesellschaft abgeschlossen zu werden. Sie gehören vielmehr zu den im folgenden Abschnitt zu behandelnden Geschäften für die entstehende Gesellschaft.

Nun ist es aber doch sehr wohl denkbar, daß die Gründer Geschäfte für die zukünftige Aktiengesellschaft abschließen, die nicht zu diesen durch die Gründung bedingten gehören, aber auch keine Uebernahmen im Sinne des § 186 HGB. bezwecken. Ja, die hier in Betracht kommenden Fälle sind von größter Mannigfaltigkeit. Man denke z. B. an Dienstverträge, an Verträge auf Lieferung von Waren durch die zukünftige Gesellschaft und ähnliches, was bereits an die Lebenssphäre der fertigen Aktiengesellschaft eingreift, ohne daß sich der Gegenkontrahent darüber im unklaren zu befinden braucht, daß die Aktiengesellschaft noch nicht eingetragen ist. Zum Abschluß solcher Geschäfte sind nun die Gründer zweifellos nicht ermächtigt, aber es besteht auch keine Vorschrift, die der des § 186 Abs. 4 analog wäre und diese Geschäfte von vornherein unwirksam sein ließe. Auf solche Geschäfte finden demgemäß die Vorschriften der §§ 177 ff. BGB. Anwendung. Sie können also nachträglich, d. h. nach Eintragung der Aktiengesellschaft, durch die dazu berufenen Organe genehmigt und so zur Wirksamkeit gebracht werden. Werden sie auf diese Weise genehmigt, so entfällt jede Haftung der Gründer aus ihnen. Gelangt die Aktiengesellschaft aber nicht zur Ent-

---

[1]) S. Makower, Anm. III zu § 186; Ring bei Lehmann-Ring Nr. 4 zu § 186.

stehung, so ist das Rechtsgeschäft wegen des Ausfalls der Bedingung unwirksam. Wird dagegen die Aktiengesellschaft zwar eingetragen, das Geschäft aber hinterher nicht genehmigt, so fragt es sich ob die Vertragschließenden ausdrücklich oder stillschweigend auch die Genehmigung desselben als Bedingung vereinbart haben. Ist dies der Fall, so ist auch hier das Geschäft wegen Ausfalls der Bedingung unwirksam. Andernfalls aber würde die Haftung gemäß § 179 BGB. einzutreten haben. Regelmäßig wird jedoch der Dritte den Mangel der Vertretungsmacht kennen oder kennen müssen und auf diesem Wege die Haftung der Gründer eliminiert werden.[1])

IV. Schließlich könnte man noch daran denken, daß etwa bereits die Vorstandsmitglieder für die zukünftige Gesellschaft kontrahieren würden. Für diese würde gelten, daß sie zum Abschluß von rechtsbeständigen Uebernahmeverträgen überhaupt keine Gelegenheit haben können, da sie ja erst nach Errichtung des Gesellschaftsvertrages bestellt werden, jene aber bereits im Gesellschaftsvertrag Aufnahme zu finden haben. Im übrigen dürften für sie die soeben über die durch die Gründer betätigte Geschäftsführung aufgestellten Regeln analoge Anwendung finden.

2. Insbesondere: Rechtshandlungen für den nicht rechtsfähigen Verein der entstehenden Aktiengesellschaft und dessen Stellung im Rechtsverkehr überhaupt.

I. Der nicht rechtsfähige Verein der entstehenden Aktiengesellschaft tritt naturgemäß auch nach außen hervor, ohne daß er etwa im Entstehungsstadium die fertige Aktiengesellschaft vollständig ersetzen könnte. Der Verein ohne Rechtsfähigkeit ist kein Rechtssubjekt. De iure treten folglich die Mitglieder zur gesamten Hand als Träger der Rechte und Pflichten auf, tatsächlich erscheint aber der Verein berechtigt und verpflichtet. Wenn wir demgemäß im folgenden kurz von Rechten und Verbindlichkeiten des Vereins oder der entstehenden Aktiengesellschaft reden, so soll dies mit den durch die Stellung derselben als Verein ohne Rechtsfähigkeit erforderlichen Einschränkungen zu verstehen sein. Und zwar sind es mannigfache Rechtsbeziehungen, die hier in Betracht kommen. Wie sie sich in naturgemäßer Weise ergeben können und wie sie zu beurteilen sind, soll nun auseinandergesetzt werden.

II. Als eadem persona mit der fertigen Aktiengesellschaft übernimmt die entstehende zunächst für diese die weitgehenden zu deren Gunsten im Gesellschaftsvertrage stipulierten Berechtigungen. Ihr gegenüber bestehen die in den früheren Erörterungen näher bezeichneten Pflichten der Mitglieder auf Leistung der Beiträge, insbesondere auf Einzahlung der ersten Raten, auf Betätigung der versprochenen Einlagen und vor allem auch die Verbindlichkeiten aus den Uebernahmeverträgen. Daraus folgt zunächst, daß die Erfüllung dieser Verbindlichkeiten der

[1]) Vgl. Behrend I 2 S. 755 Note 4.

entstehenden Aktiengesellschaft gegenüber wirkliche Erfüllung ist und auch der entstandenen Aktiengesellschaft gegenüber als solche zu gelten hat. Es kann gar nicht anders sein. Hat doch das Gesetz ausdrücklich im Gründungsstadium eine Pflicht der Gründer und bezw. der Zeichner zur Einzahlung der ersten Rate statuiert. Aber auch sonst kommt noch manches für diese Zeit in Betracht. So ist darauf hinzuweisen, daß mit der Aufnahme der Bestimmungen über Sacheinlagen im Gesellschaftsvertrag und mit dem Abschluß der Uebernahmeverträge die Leistungen an die Aktiengesellschaft regelmäßig noch nicht tatsächlich gemacht sind. Versprechen der Leistung und die Leistung selbst sind nämlich vielfach zeitlich zu trennen. Nun kann nichts im Wege stehen, sondern wird vielmehr häufig praktisch empfehlenswert sein, wenn die aus diesen Verträgen geschuldeten Uebertragungen von körperlichen Sachen oder von Rechten bereits an die entstehende Aktiengesellschaft geschehen, damit nach Eintragung sogleich mit dem eigentlichen Geschäftsbetrieb begonnen werden kann. Diese Uebertragungen erfolgen aber dann mit Wirksamkeit gegenüber der eingetragenen Aktiengesellschaft. Das Oberlandesgericht Colmar [1]) weist mit Recht darauf hin, daß z. B. die Auflassung eines Grundstücks, das die Sacheinlage eines Gründers darstellt, an die errichtete, aber noch nicht eingetragene Aktiengesellschaft gültig vorgenommen werden kann und eine weitere Auflassung des Grundstücks an die entstandene Aktiengesellschaft widersinnig wäre. Es kann vielmehr dieselbe schon auf Grund der ersten Auflassung die Umschreibung verlangen.

Soll aber für die entstehende Aktiengesellschaft bereits eine Eintragung ins Grundbuch erfolgen, so hat dies nach den Vorschriften für den nicht rechtsfähigen Verein zu geschehen. [2]) Die entstandene Aktiengesellschaft kann dann später Berichtigung des Grundbuchs durch ihre Einschreibung als Eigentümer verlangen.

III. Mit den bisher genannten Rechtsbeziehungen ist aber der Wirkungskreis der entstehenden Aktiengesellschaft noch nicht erschöpft. Es kommen insbesondere dazu die durch den Fortgang der Gründung bestimmten Geschäfte. Hierher gehören z. B. Verpflichtung zur Zahlung von Gebühren an den Notar, von Belohnungen für Gutachter und Revisoren, von Saalmiete für die Versammlungen und alle derartigen Geschäfte. Die Zugehörigkeit zu dieser Gruppe ist naturgemäß jeweils Tatfrage. Die Gründer sind, wie wir hervorhoben, die zur Besorgung der Gründungsgeschäfte bestellten Organe der Gesellschaft. Daraus ergibt sich, daß sie die entstandene, wie die entstehende Aktiengesellschaft durch die zur Gründung gehörigen Geschäfte verpflichten. Jedoch nicht unbeschränkt. Sie dürfen nämlich den im Gesellschaftsvertrage vorgesehenen Gründungsaufwand nicht überschreiten. Sonst ist gemäß § 186 HGB.

---

[1]) Beschluß vom 5. Mai 1903, Rechtspr. d. OLG. VI, 186: s. auch Staub Anm. 2 zu § 200.

[2]) Vgl. darüber für Bayern die Dienstanweisung für die Grundbuchämter r. d. Rheins vom 27. Febr. 1905 § 273.

das von ihnen getroffene Abkommen der Gesellschaft d. h. der entstandenen und entstehenden gegenüber unwirksam. Jedoch wird in solchen Fällen eine Verhaftung der handelnden Gründer allein gemäß § 54 Satz 2 BGB. eintreten, da es sich ja um Rechtsgeschäfte für einen nicht rechtsfähigen Verein handelt.

IV. Nun wird es aber weiter vorkommen, daß sich die Gründer mit dem Abschluß von Rechtsgeschäften befassen, die über die bisher angegebenen Grenzen hinausgehen und so dazu angetan sind, das Leben der entstandenen Gesellschaft zu antizipieren. Makower[1]) meint nun, daß man den nicht rechtsfähigen Verein auch solche Geschäfte unbedenklich schließen lassen könnte. Schutz gegen Mißbrauch werde durch eben die Bestimmungen gewährt, die auch nach Eintragung Schutz dagegen bieten. Wie diese schwierige Aufgabe erfüllt werden soll, ist allerdings nicht näher ausgeführt. Dieser Ansicht ist nicht beizutreten.[2]) Es fehlen dem nicht rechtsfähigen Vereine schon die Organe zum Abschluß solcher Geschäfte. Die Umschreibung der Vertretungsmacht der Gründer haben wir soeben erwähnt und wir haben auch oben ausgeführt, daß im Gründungsstadium die Vorstandsmitglieder nicht die Stellung ausführender Organe haben.

Man könnte nun daran denken, daß durch die Mitgliederversammlung die Vertretungsmacht der Gründer ausgedehnt und durch dementsprechend geschlossene Geschäfte zunächst die entstehende Aktiengesellschaft haftbar gemacht werden könnte, schließlich aber die Wirksamkeit für die entstandene Aktiengesellschaft von der Ratihabition durch deren gesetzmäßige Organe abhängen würde.[3]) Dem ist entgegenzuhalten, daß es ganz und gar nicht angängig sein kann, daß die Mitgliederversammlung die gesetzlichen Funktionen der Gründer erweitert, an denen vielmehr unter allen Umständen festgehalten werden muß. Die eingetragene Aktiengesellschaft kann nämlich nur mit den vom Gesetz zugelassenen Rechten und Verbindlichkeiten existent werden. Entstehende und entstandene Gesellschaft sind aber dieselbe Person und es wäre folgeweise undenkbar, daß die erstere für Verbindlichkeiten haften würde, die die letztere nicht gegen sich gelten lassen müßte. Es ist daher eine weitergehende Verhaftung der entstehenden Aktiengesellschaft abzulehnen und die Möglichkeit der Ausdehnung der Vertretungsmacht der Gründer zu verneinen. Derartige Geschäfte werden also weder die entstehende noch die entstandene Gesellschaft verpflichten dürfen.[4]) Da im vorliegenden Falle aber wieder ein Handeln im Namen eines nicht rechtsfähigen Vereins vorliegt, kommt § 54 Satz 2 BGB. zur Anwendung und es haftet für das Geschäft derjenige, der es für denselben geschlossen hat, persönlich, sind es mehrere, so haften sie als Gesamtschuldner. Nicht aber wird das Vereinsvermögen

[1]) Anm. IIa zu § 200.

[2]) Ebenso Staub Anm. 2 zu § 200; Pinner a. a. O., Ring bei Lehmann-Ring a. a. O.

[3]) In diesem Sinne ungefähr argumentiert gelegentlich das Reichsgericht s. RG. in Strafsachen 36, 69.

[4]) S. auch RG. 32, 97.

verhaftet. Nun wird aber anerkannt[1]), daß beim Platzgreifen der Vorschrift des § 54 S. 2 BGB. der Anwendung der allgemeinen Normen der §§ 177 ff. BGB. nichts im Wege steht. Daraus folgt, daß in dem Moment, in dem die Möglichkeit der Genehmigung des Geschäftes eintritt, diese auch, falls sonstige Hindernisse nicht entgegenstehen, noch erteilt werden kann. Also kann die Aktiengesellschaft nach Eintragung noch diese bisher für sie nicht verbindlichen Geschäfte genehmigen und für sich wirksam werden lassen. Freilich werden dann die Gründer nicht aus der Haftung entlassen. Auch wenn etwa der Dritte die genauen Umstände kannte, wird nicht durch § 179 BGB. die Haftung nach der speziellen Vorschrift des § 54 S. 2 BGB. ausgeschlossen![2])

Ist die Aktiengesellschaft aber noch nicht eingetragen und sind bereits auf Grund eines solchen für die entstehende Aktiengesellschaft unwirksamen Vertrages Leistungen von dem Gegenkontrahenten an diese gemacht worden, so tritt sie damit noch nicht in die Haftung für die Gegenleistung diesem Vertrage gemäß ein. Das einzige, was jener tun kann, ist Inanspruchnahme des nicht rechtsfähigen Vereins wegen ungerechtfertigter Bereicherung.[3])

V. Nachdem wir nun gesehen haben, welche Geschäfte für die entstehende Aktiengesellschaft wirksam abgeschlossen werden können und jeweils die Folgen der unwirksamen Geschäfte, die ja im einzelnen verschieden sind, ausgeführt haben, sind nunmehr die gemeinsamen Folgen der wirksamen Geschäfte zu erörtern. Sie erscheinen als Geschäfte eines nicht rechtsfähigen Vereins und es sind daher die entsprechenden Regeln in Anwendung zu bringen.

Für solche Geschäfte haftet zunächst, da sie ja gültige Geschäfte des Vereins sind, das Vereinsvermögen.

Dann kommt gemäß § 54 S. 2 BGB. die Haftung des Handelnden in Betracht. Handeln mehrere, so haften sie für die von ihnen vorgenommenen Rechtsgeschäfte als Gesamtschuldner.

Schließlich wäre daran zu denken, ob auch eine persönliche Haftung der Mitglieder des Vereins begründet sein könnte. Für den nicht rechtsfähigen Verein im allgemeinen möchten wir bemerken, daß wir uns der von Dernburg[4]) aufgestellten Ansicht, daß durch § 54 S. 2 BGB. die Haftung der Mitglieder, die nicht für den Verein gehandelt haben, verneint sei, nicht anschließen können. So sicher der Vorstand im Besitze der notwendigen Vertretungsmacht das Vereinsvermögen und nicht nur sich selbst verhaftet, ebenso wird nicht ohne weiteres anzunehmen sein, daß durch diesen Satz 2 des § 54 die Haftungsfrage ausschließlich geregelt sei und insbesondere die durch Satz 1 desselben Paragraphen begründete weitere Haftung nach Gesellschaftsrecht ausgeschlossen werde.

---

[1]) Gierke, Vereine ohne Rfk. S. 20 Note 30; Planck I Anm. 3 zu § 54.

[2]) Vgl. auch unsere Ausführungen über den ähnlich gelagerten Fall des § 200 Abs. 1 S. 2 HGB. — oben S. 35 f.

[3]) §§ 812 ff. BGB.

[4]) Dernburg, BR. Bd. I S. 221.

Dagegen sind wir der Meinung, daß beim nicht rechtsfähigen Verein eine wirksame Beschränkung der Vollmacht des Vorstandes mit der Folge des Ausschlusses der persönlichen Haftung der Mitglieder einmal in der Weise eintreten kann, daß das Statut bestimmt, daß der Vorstand die Mitglieder nur mit ihrem Anteil am Gesellschaftsvermögen verpflichten kann, und so für weiteres eine Vertretungsmacht desselben nicht besteht. Aber wenn diese Einschränkung der Vertretungsmacht nicht ausdrücklich ausgesprochen ist, tritt u. E. auch dann dieselbe Wirkung ein, wenn aus den Umständen sich ergeben muß, daß eine weitere Ausdehnung der Haftung nicht beabsichtigt ist. Und dies wird beim nicht rechtsfähigen Verein auch regelmäßig gewollt sein.[1]) Insbesondere wird es aber bei dem nicht rechtsfähigen Verein der entstehenden Aktiengesellschaft unter allen Umständen dem Willen der Kontrahenten entsprechen. Vor allem bei Sukzessivgründung erscheint es geradezu undenkbar, hier eine Haftung der Zeichner zu konstruieren. Aber auch bei Simultangründung wird für die Mitglieder nur insoweit eine Haftung anzunehmen sein, als sie aus § 54 S. 2 BGB. gefolgert werden kann.

VI. Es erübrigt nun noch, über die Stellung der entstehenden Aktiengesellschaft im Prozeß einige Bemerkungen zu machen. Aktive Parteifähigkeit kommt ihr als nicht rechtsfähigem Verein nicht zu. Wohl aber kann sie als solcher verklagt werden und hat dann in dem Prozesse die Stellung eines rechtsfähigen Vereins mit allen daraus abzuleitenden Konsequenzen.[2])

Zur Zwangsvollstreckung in das Vereinsvermögen genügt ein gegen sie gerichteter vollstreckbarer Titel.[3]) Auch ist ein Konkurs über dasselbe möglich.[4]) Als Besonderheit kommt dabei in Betracht, daß die Eröffnung des Konkurses nicht nur wegen Zahlungsunfähigkeit, sondern auch wegen Ueberschuldung beantragt werden kann.[5])

---

[1]) S. Gierke, Vereine ohne Rfk. S. 39 f.; Loewenfeld bei Staudinger Anm VI, 1 S. 192 f.; Planck I Anm. 2h zu § 54; Meurer S. 137 ff. Anderer Ansicht Staudinger, DJZ. 1900 S. 377. — S. im übrigen die Literaturangaben, die Loewenfeld bei Staudinger in der Note * zu der angeführten Stelle S. 193 gibt.

[2]) ZPO. § 50 Abs. 2.

[3]) § 735 ZPO.

[4]) § 213 KO.

[5]) §§ 213, 207 KO.

Sechstes Kapitel.

Die Auflösung der entstehenden Aktiengesellschaft.

I. Es ist natürlich auch nicht ausgeschlossen, daß der nicht rechtsfähige Verein sich auflöst.[1])

Das normale Ende des nicht rechtsfähigen Vereins, die Eintragung der Aktiengesellschaft, ist als eigentliche Beendigung nicht anzusehen. Wohl aber kommt in Betracht bei Sukzessivgründung der Beschluß auf Nichterrichtung in der konstituierenden Generalversammlung[2]), ferner der Ablauf der in den Zeichnungsscheinen für die Bindung der Zeichner festgesetzten Zeit.[3]) Sodann kann aber auch bei Sukzessiv- wie bei Simultangründung nichts im Wege stehen, daß die Mitgliederversammlung die Auflösung beschließt. Gemäß § 197 HGB. dürften dabei die Vorschriften des § 292 Ziff. 2 entsprechend zu beachten sein.[4])

Kündigung eines Gründers oder Zeichners ist in Anbetracht der von denselben übernommenen Verpflichtungen unzulässig. Auch besteht keine Veranlassung, ohne weiteres den Konkurs eines Gründers oder Zeichners[5]) als Auflösungsgrund gelten zu lassen. Es entspricht dem Wesen des nicht rechtsfähigen Vereins eine dem entgegenstehende Bestimmung als stillschweigend im Gesellschaftsvertrag aufgenommen zu betrachten.[6]) Das gleiche gilt auch für den Tod eines Mitgliedes, wobei regelmäßig dessen Erben seine Stelle einnehmen werden.[7])

II. Bei Auflösung des nicht rechtsfähigen Vereins hat gemäß §§ 54, 730 ff. BGB. die Auseinandersetzung stattzufinden. Es sind zunächst die etwa nötigen Geschäfte abzuwickeln und die Vereinsschulden zu bezahlen. Sodann ist der Rest des Vereinsvermögens, soweit hinreichend, zur Rückzahlung der gemachten Einlagen in entsprechender Weise zu verwenden.

1. Bei Simultangründung werden dabei nach Maßgabe eventueller besonderer Abmachungen interne Ausgleichsverbindlichkeiten entstehen, die hier jedoch nicht weiter interessieren.

[1]) Vgl. Staub Anm. 3 zu § 188; RG. 21, 250.
[2]) § 197 HGB.
[3]) § 189 Abs. 3 Ziff. 4.
[4]) Anderer Ansicht Staub a. a. O.
[5]) Vgl. dazu auch § 202 Abs. 3 HGB.
[6]) §§ 54, 728, 736 BGB.
[7]) S. oben S. 31.

2. Schwieriger ist die Sache bei Sukzessivgründung. Haben nämlich die Zeichner ihrer Pflicht zu Einzahlungen zum Gesellschaftsvermögen bereits genügt, so kann es bei der soeben beschriebenen Art und Weise der Auseinandersetzung leicht vorkommen, daß sie diese nicht mehr voll zurückerhalten. Bei Behandlung dieser Frage ist auf die Materialien zum ADHGB. zurückzugehen.[1]) Man hatte in der Nürnberger Kommission einige Zusatzartikel zu dem Abschnitt des Entwurfes „Von der Errichtung der Aktiengesellschaft" zur Annahme vorgeschlagen, in denen auch bestimmt war, daß die Gründer falls „der Verein" nicht zustande komme, die etwa erhaltenen Einzahlungen „nach Abzug der unumgänglich nötigen Auslagen" unverzüglich zurückgeben müssen. Eine Regelung dieser Frage wurde jedoch abgelehnt, und man war der Ansicht, es müsse dem allgemeinen Zivilrecht die Entscheidung dieser Frage überlassen werden.[2]) Damit hat man sich also weder in der einen noch in der anderen Richtung festgelegt. Nun taucht in der Literatur wiederholt die Bemerkung auf,[3]) wenn sich das Gründungsgeschäft zerschlage, hätten die Zeichner Anspruch auf Rückzahlung ihrer Einlagen ohne jeden Abzug. Nach der von uns vertretenen Auffassung sind aber die Zeichner Mitglieder eines nicht rechtsfähigen Vereins und als solche zur Zahlung der ersten Raten verpflichtet. Diese Einzahlungen gelangen aber nicht in das Vermögen der Gründer, sondern werden Vereinsvermögen. Auf der anderen Seite sahen wir, daß auch Verbindlichkeiten entstehen können, die den nicht rechtsfähigen Verein mit seinem Vermögen verhaften. Daraus folgt aber, daß bei einer Auseinandersetzung das Vermögen des Vereins nicht eher zur Verteilung gelangen kann, als bis die Schulden vorweg bezahlt sind. So kommt es unter Umständen, daß die Einzahlungen der Zeichner aus dem Vereinsvermögen nicht voll zurückgezahlt werden können. Nun fragt es sich aber, ob etwa eine Verpflichtung der Gründer besteht, den fehlenden Rest aus eigenen Mitteln zu decken. Dafür wird regulärer Weise mangels irgend einer dahingehenden Bestimmung ein Anhaltspunkt fehlen. Freilich kann infolge besonderer Abmachungen oder, wenn Schadenersatzansprüche entstanden sind, die Sache in anderem Lichte erscheinen. Für den Regelfall ist aber an der Tatsache, daß die Zeichner, die an dem Gewinn der entstandenen Aktiengesellschaft partizipieren wollen, auch an dem Risiko der entstehenden Aktiengesellschaft mit ihren Einlagen teilnehmen müssen, nichts zu ändern. Zu Nachschüssen können sie jedoch, wenn sie nur den bis zur Auflösung fälligen Verpflichtungen genügt haben, keinesfalls herangezogen werden.

---

[1]) Lutz, Prot. Bd. I S. 373, 379.

[2]) Vgl. Lutz, Prot. a. a. O. S. 373 mit 319.

[3]) v. Völderndorff S. 345 f. Note 45; Adelmann S. 80; vgl. auch Ring bei Lehmann-Ring Nr. 2 zu § 189.

Kolibri 360 GmbH
Ferdinand-Jühlke-Straße 7
99095 Erfurt, Deutschland
produktsicherheit@kolibri360.de